Amphitryon 38

METHUEN'S TWENTIETH CENTURY FRENCH TEXTS

General Editor: W. J. Strachan, M.A. (Cantab.)

METHUEN'S TWENTIETH CENTURY TEXTS

Amphitryon 38

comédie en trois actes
JEAN GIRAUDOUX

edited by
R. K. TOTTON M.A.
Modern Language Department, Charterhouse
Sometime Lecteur, École Normale Supérieure

Methuen Educational Ltd

LONDON · TORONTO · SYDNEY · WELLINGTON

First published in this edition 1969
by Methuen Educational Ltd
11 New Fetter Lane, London EC 4
Text © 1929 by Éditions Bernard Grasset
Introduction, notes and vocabulary © 1969 by R. K. Totton

Printed in Great Britain by
Richard Clay (The Chaucer Press) Ltd
Bungay, Suffolk

SBN 423 79850 2

Acknowledgement

This edition is published under exclusive licence by courtesy of Office Artistique Internationale to whom our thanks are due. All rights are reserved.

The photograph of Jean Giraudoux on the cover of this edition is reproduced by courtesy of Archives Lipnitzki.

Contents

Introduction

C'est que je vis encore . . . dans cet intervalle qui sépara la création et le péché originel. (Prière sur la tour Eiffel.)

Jean Giraudoux was born in 1882 at Bellac in the Limousin, the son of a 'petit fonctionnaire'. He had a brilliant scholastic record: 'Boursier' at the Lycée de Châteauroux and later at the Lycée Lakanal in Paris, he passed top into the select and competitive École Normale Supérieure, where he studied German. Without leaving any impression of priggishness or even effort on his contemporaries, he managed to excel at almost everything he tackled, academic or athletic. During a *stage* in Munich he became much influenced by writers of fantasy such as Hoffmann, and developed a love of German literature and an interest in things German that never left him. To a man of his poetic imagination, German literature seems to have made a satisfying complement to his rationalistic French education. At this period, too, he emerges as a sophisticated man of the world 'las de son existence d'étudiant sage'. He left the École Normale without taking his Agrégation and, after further periods in Germany and as Lecteur at Harvard, he settled as a journalist in Paris, where he published some semi-autobiographical tales (*Provinciales*) in 1909.

In 1910 he entered the diplomatic service and thenceforth (except for the war in which he was twice wounded) he divided his time between his career and writing. The two were not entirely separated: throughout his life he showed his concern for political and social problems (especially the problem of Franco-German relations) in both fictional works and collections of studies and essays.

After the fall of his patron Berthelot, Giraudoux's fortunes in the diplomatic service left him more time for writing. *Bella* (1926), a novel describing the political struggle between Berthelot and Poincaré, brought him into the public eye.

But the turning-point in his literary career came in 1928 when he met Louis Jouvet, one of the great actor-managers of all time. Jouvet produced *Siegfried*, Giraudoux's adaptation of an earlier novel, and an immediate success. This began a close and astonishingly fruitful collaboration which lasted till Giraudoux's death. He wrote fifteen plays with Jouvet and his company in mind, only one of which (*Judith*) was not well received.

Indeed, *Siegfried* was the turning-point in Jouvet's career and a marking event in twentieth-century French theatre as well. Jouvet had always shown a particular sensitivity to the literary quality of the text. At the start of his career he had tried to run a theatre for the working classes, bringing them works of literary excellence. When later, he left Copeau's Vieux Colombier and started to cater for a more 'moneyed' Paris, he followed an altruistic policy of encouraging young French playwrights – hence his gamble on Giraudoux, of whose success he was doubtful. But from this date on he was to occupy himself very largely with Giraudoux. He not only produced all his plays, he advised, criticized, and helped remould them. He even developed with his troupe a special style for acting them, a style aimed at giving the words maximum effect. For Jouvet had recognized in *Siegfried* the advent of the well-written play rather than the well-made play which had dominated the French theatre for nearly a hundred years. And the success of *Amphitryon 38* a year later confirmed for Jouvet that there was a place for fine writing even in the commercial theatre.

In 1939 Giraudoux was made Commissaire à l'Information. It

is strange to think of this polished, civilized, and honest man as France's counterpart to Goebbels.

After the defeat of 1940, declining to work for the Vichy government, he retired to the country and was largely occupied with *Sans Pouvoirs*, a reappraisal of social and political problems. But in 1942 he returned to Paris and began to turn to the cinema. His sudden death there in 1944 left various works unpublished. *La Folle de Chaillot* was produced by Jouvet in 1945 and, after his death, *Pour Lucrèce* by Jean-Louis Barrault in 1953.

GIRAUDOUX TODAY

Nul moyen sinon par barbarie de résister au sourire de Giraudoux. (Gide.)

The interwar years are now remote enough for us to see the works of the period in their historical perspective and even to sift what was merely of its time from what may last; but not enough for us to pronounce judgement on the immortality of authors.

One of the surprising facts about Giraudoux's work is that it has not suffered an eclipse. Not only are there at least five more or less recent English editions of his works, not only are they still coming out in the popular *Livre de Poche* series, but French critics seem as violently partisan now as they were when *Bella* was published forty odd years ago. This does not necessarily mean that Giraudoux is guaranteed a major place in French literary history. On the contrary, although originality is his most striking trait, he is constantly being compared with writers all of whom are to some extent minor figures: Chrestien de Troyes, the seventeenth-century Précieux, Marivaux.

Though his preciousness irritates some, all French writers agree in assessing him as a *poet*. And as such he suffers by translation. English versions of his plays have succeeded in proportion to the quality of the adaptation. Christopher Fry's version of *La Guerre de Troie*, under the title *Tiger at the Gates*, was a success. Not even the ideal type-casting of Audrey Hepburn in the title-role of *Ondine* gave the New York production a long run; while a newcomer to Giraudoux, listening to a recent B.B.C. adaptation of *Intermezzo*, would stand little chance of either getting to know him or enjoying his work.

For with Giraudoux, more patently than with most authors, style counts. His ideas and thought cannot be abstracted from the deft and poetic expression of them, and when he treats of serious themes he does it with a light touch – no small relief in this post-Sartrian age. Thus any assessment of him must take into account the verbal magic that has made even a Marxist writer of the calibre of Aragon confess 'je me suis mis à aimer ça – tout ça'.

AMPHITRYON 38

Un fruit est nourriture, mais il ne paraît que délice. On ne perçoit que du plaisir, mais on reçoit une substance. (Valéry.)

Amphitryon 38, Giraudoux's second play, is at first sight essentially lightweight. Highly original, no doubt, and a feast of wit – but is it not dated? Is it not to be classed with a dozen such by Noël Coward or Somerset Maugham?

In one sense it is. Giraudoux shares with these writers polish and a mastery of plot: it is some achievement to produce a naughty bedroom farce with a faithful wife as its central figure; equally so to lead us smoothly through to a dénouement in which everybody has been duped yet all are victorious. Technique and stage-craft are impeccable.

But two things make it more than mere craftsmanship: the underlying ideas and the poetic expression of them. That Giraudoux treats serious matters with a light touch is not to say he is being flippant – they are no less serious than the 'message' so earnestly preached at us in many post-war plays. There is a difference of approach. *Les Mouches*, for example, gives the impression that the author chose his subject as a mere vehicle for the message, and that his 'characters' are largely mouthpieces. It is pulpit drama. With Giraudoux the reverse is true: characters sprang to life first in his imagination, very often with real models – he 'saw' Alcmène as Valentine Tessier, a member of Jouvet's troupe, and every word of Mercure suggests the dry, sardonic delivery of Jouvet himself. The 'theme' of *Amphitryon 38* is real and serious to Giraudoux, and it gives substance to the play. But it is by no means the purpose of it. 'Le théâtre n'est pas un théorème, mais un spectacle, pas une leçon, mais un filtre. C'est qu'il a moins à entrer dans votre esprit que dans votre imagination et dans votre sens. . . .' (*Impromptu de Paris*).

THEMES

Il n'est rien si beau et légitime que de faire bien l'homme . . . C'est une absolue perfection et comme divine, de savoir jouir loyalement de son être. (Montaigne.)

For our purposes the most important of Giraudoux's ideas concerns the existence of man on earth without God, 'LA VICTOIRE DE L'HUMAIN'. This is stating more than Giraudoux would have done. He is too reserved to tell us his religious views, and all his work is impregnated with a respect for the reserve of others. At the same time one often feels that the idea of God breaks in on this reserve, is an invasion of human privacy. 'Je réclame le droit pour les hommes d'être un peu seuls sur cette terre', cries Hans the mortal whose love for the water-nymph Ondine is doomed by supernatural interference. And Holophernes, a sympathetic figure in Giraudoux's version of the Bible story, says of his tent: 'C'est un des rares coins humains vraiment libres. Les dieux infestent notre pauvre univers . . . mais il est encore quelques endroits qui leur sont interdits . . . Songe à la douceur qu'aurait ta journée dégagée des terreurs et des prières. Songe au petit déjeuner du matin servi sans promesse d'enfer, au thé de cinq heures sans péché mortel, avec le beau citron et la pince à sucre innocente et étincelante'.

Put in the context of Greek myth where gods visit the earth, this theme emerges in the championship of humanity by Alcmène against the incursion of Jupiter and Mercury. The play is in one sense a long contest between Alcmène and Jupiter in which Alcmène wins by remaining determinedly human.

> Alc. '. . . Je me solidarise avec mon astre . . .
> Devenir immortel, c'est trahir, pour un humain . . .'
> Jup. '. . . tu es le premier être vraiment humain que je rencontre. . . .'
> Alc. '. . . De tous ceux que je connais, je suis en effet celle qui approuve et aime le mieux son destin.' (II. 2)

Jupiter later ruefully admits defeat: 'Sa vie est un prisme où le patrimoine commun aux dieux et aux hommes, courage, amour, passion, se mue en qualités proprement humaines, constance, douceur, dévouement, sur lesquelles meurt notre pouvoir'. She teaches him the purely human emotion of friendship, a lesson he puts into practice by lying valiantly to her when she is troubled by the Voix Céleste (III. 5).

True, Jupiter has already succeeded in deceiving and making love to her. Worse, when she tries to play the gods at their own game she unwittingly causes her husband to deceive her with Léda. Hence there is an ambiguity in the play that prevents it working out pat like a thesis, a slight uneasiness which under Giraudoux's light touch brings genuine emotion near the surface. When Alcmène, mistaking Jupiter for her husband, makes them swear together an oath to be faithful or die, we are still in the artificial world of farce. We are not yet *concerned* for Alcmène. But we soon come to be moved by her, to feel as Victor Debidour writes: 'Les personnages de Giraudoux, nous savons bien qu'ils n'existent pas, mais qu'ils n'ont pas besoin d'exister pour se faire aimer.' And so, with the ambiguity of the situation, genuine emotion begins to peep up near the surface of glittering comedy, not breaking the tone but giving an impression of depth, of value. Thus when she says 'on se demande parfois à quoi pensent ces jeunes femmes toujours riantes, gaies, et grasses à point comme tu l'assures. Au moyen de mourir sans histoire et sans drame, si leur amour est humilié ou déçu' (II. 2). Thus, too, when Amphitryon, having unknowingly made love to Léda, says to his wife: 'Voilà qu'à moi aussi tu deviens une inconnue' (II. 7). And her slightly frantic attempts to persuade Mercure (II. 5), her unease at hearing the Voix Céleste (II. 5), and her instinctive interruption of Jupiter with the sudden 'O maître des dieux, pouvez-vous donner l'oubli?' These are moments in the comedy which skirt emotion in a manner worthy of the best of Marivaux.

The ambiguity of Alcmène's victory over the gods, then, helps give substance to the comedy. It is no flaw, for the moral victory of the couple is complete.

Dependent on the theme just discussed is that of LE BONHEUR, which forms the explicit 'moral' of the play. It is our vocation, achieved by accepting totally our human condition and by keeping the gods (or God, or Fate) out of it. Note that this happiness is not to be confused with blessedness, a fact Léda understands well:

> Alc. '. . . et depuis, vous êtes heureuse?'
> Léda 'Heureuse, hélas non! Mais du moins bienheureuse.'
> (II. 6)

If Alcmène stands as a constant illustration of these ideas, so too does Amphitryon in his way. He deserves her by his utter lack of conceit or vanity, his refusal to pretend or to be deluded by such abstractions as Fame or Glory. It is mainly this simple honesty that gives effectiveness to Act I, sc. 3. And Giraudoux heightens the effect by placing it immediately after a scene of frothy wit and preciosity (Sosie, le Trompette) and pompous clichés (le Guerrier).

Alcmène and Amphitryon, then, are made to stand together with their acceptance of life, their humanity and their happiness as their only defence against the incursion of the gods. And also against the inane opinions of the crowd, as conveyed in the Sosie scenes and by the whole role of Ecclissé. For stupidity and prejudice in the mass can be a fateful force that threatens individual happiness or drives nations to war.

Happiness as the human vocation is not a common or fashionable doctrine in the twentieth century. Was Giraudoux able to sustain it through the years, through the catastrophe of the Second World War between the two countries he loved? Not, at any rate, in the form it takes in this play, that is, tied to the idea of CONJUGAL LOVE. The themes of 'le couple' and 'la tendresse' so patently developed in *Amphitryon 38* recur notably in *La Guerre de Troie n'aura pas lieu* (1935) and in *Sodome et Gomorrhe* (1944). In the former, Hector and Andromaque are opposed on the one hand to Fate in the form of phoney patriotism and cliché-thinking and on the other hand to the anti-couple Paris – Hélène whose only bond is sensuality (sensuality, when unallied to 'tendresse', is always antipathetic in Giraudoux). If Paris and Hélène had formed a true couple the war might be worth fighting and Hector might not have opposed it. He and Andromaque lose, but they stay true to themselves. In *Sodome et Gomorrhe* the couple itself fails to keep faith. It should be added that this progressive failure of the couple is tied to a more and more pessimistic view of interfering Fate. The Jupiter of *Amphitryon 38* is a benevolent figure; not so the jealous God of *Sodome*.

The theme of WAR is barely touched on in *Amphitryon 38*. But it does deserve mention, for a reading of *La Guerre de Troie*, in which it is the main theme, will show how much of this play grew out of *Amphitryon*: Andromaque bears a strong resemblance to Alcmène; the couple Hector–Andromaque also have to fight against fate, if in a different form; Demokos takes over and develops the cliché-mongering of the Guerrier; the opposition of *sensualité* to the *tendresse* of conjugal love is transposed from Jupiter to Hélène. In fact, all the elements of Amphitryon already discussed are there in *La Guerre de Troie*, but with a change of emphasis and mood, for *Amphitryon 38* is a comedy and making war is, after all, Amphitryon's trade.

SOURCES AND STRUCTURE

'*Cet artisanat du théâtre qui est devenu . . . ma passion et mon honneur.*' (Giraudoux.)

To examine Giraudoux's sources might at first seem mere literary history and thus, for the appreciation of *Amphitryon 38*, no more than marginal pedantry. But a knowledge of what he took from others, and especially of what he changed or omitted, will give some insight into his aims.

The Legend:

Jupiter, wishing to produce a hero (Hercules) who would surpass all others, chose for his mortal 'bride' Alcmene wife of Amphitryon, a Theban General. Unlike his previous seductions (Leda in the form of a swan; Europa as a bull, etc.) Jupiter decided to turn himself into the likeness of her husband, and so dally in peace while Amphitryon was away at war. He had Mercury order the Sun to stay below the sea and thus prolong the night for thirty-six hours, for such a champion as Hercules would need leisurely procreation. Amphitryon returned at the end of this long night and was surprised at the lack of ardour in Alcmene's welcome. In due time Hercules was born. Jupiter's wife Juno did not approve and sent two monstrous serpents to destroy Hercules in the cradle but the infant laughingly strangled them.

Plautus – The Amphitruo

From this farce stem the plots of all later comedies. It depends for its interest entirely on slapstick and exploits two comic resources.

The first is that of double-identity. Much of the play is devoted to the vain attempts of Amphitryon and Sosia to prove their own identity: a gift from Amphitryon is magicked away by Jupiter; witnesses are frantically sought; Mercury–Sosia baffles Amphitryon from the balcony of his own house – a scene exploited by Giraudoux (I. 6) with Jupiter the victim at Alcmene's hands. The alternate arrival of the two Amphitryons, to the thwarted rage of the real one, ends in a confrontation. But the doubling of Mercury with Sosia is quite as important and gives rise to more slapstick. For Sosia is that stock character of Roman comedy, the sly and boastful coward: faced with his alter ego, Mercury, his boasts are pricked and his back drubbed.

The second comic resource is that of the cuckolded husband. Amphitryon is a stock figure of the kind; the laughter is all against him as he rages impotently against what he considers the gross deceit of his wife. Alcmene, too, is a puppet figure: she complains of unfair treatment, and there is a stock husband-and-wife quarrel from which Jupiter promptly profits by making it up with her and catching her on the rebound.

Jean Rotrou – Les deux Sosies (1636)

While he follows Plautus closely, Rotrou is of interest to us for two reasons.

First, he exploits possibilities of verbal humour latent in this mix-up of gods and men – notably by frequent invocation of gods who are, of course, present. Giraudoux not only does the same (see, for example, note to p. 83) but develops it with great effect in, for instance, Act II, sc. 2, where Alcmène decries Jupiter's creation to him.

Secondly, as befits a contemporary of Corneille, Rotrou introduces a certain moral element in which we may see the germ of ideas developed by Giraudoux: Alcmène is grief-stricken at the taint on her honour ('La loi de notre honneur toute autre loi précède'); Jupiter is touched by her virtue ('Une extrême sagesse accompagne ses charmes') though not enough to influence his behaviour ('Mais ne la détrompons que pour la tromper mieux.').

Molière – Amphitryon (1668)

To Molière's courtly spectators Jupiter must be associated with Louis XIV, and the association would stem as much from his dalliance as from his position of King of the Gods. Thus the triangle Amphitryon–Alcmène–Jupiter is developed with elegance and entirely to the advantage of the latter, while the slapstick elements of cuckoldry and double-identity are mainly exploited through the servant triangle Sosie–Cléanthis–Mercure who mirror every scene of their masters in parody. This duality paves the way for Giraudoux, who drops entirely this second triangle and all its comic resources: Sosie becomes vestigial; Cléanthis, as Ecclissé, serves a different dramatic function; and Mercure becomes a 'meneur de jeu'. Note how Giraudoux, in Jupiter's final speech, exploits Molière's diplomatic ending:

> 'Sur telles affaires, toujours
> Le meilleur est de ne rien dire.'

And note, too, how Giraudoux seizes on and uses to his own ends the preciosity of Molière's Jupiter who tries to seduce Alcmène with his hair-splitting distinction between the husband and the lover.

One more source may be mentioned. Kleist's heavily philosophical and romantic tragedy on the same subject need only interest us in that he, for the first time, makes Alcmene the central figure – and makes her the defender of the human condition against the gods. We may add here that Giraudoux got from Henzen's version of the Kleist play the idea for his title – i.e. that his was the thirty-eighth play on the same subject.

How has Giraudoux used these sources and what has he added to them?

First, he transfers most of the farce to the gods: the slapstick is all verbal and is either in dialogue between Jupiter and Mercury (I. 1, I. 5, II. 3) or where they are talking to Alcmène (I. 4, I. 6, II. 2, II. 5, III. 5) when the main source of comedy is in the defeat of the gods by Alcmène. Note also the progression in tone of these scenes. Those of Act I are pure light-hearted farce. With II. 2 the tone begins to change. Jupiter's original plan has succeeded; Alcmène is duped; the 'lovers' are in bed the morning after; but Jupiter is still frustrated and we begin to be touched by Alcmène's love for Amphitryon – in other words we are creeping out of the cardboard world of bedroom farce, into one where real emotion and sympathy exist. This gives a touch of sharpness to the next confrontation with Mercury (II. 5): here the gay and witty simplicity of Alcmène's retorts changes (pp. 54–58); there is a hint of desperation, almost of defeat in her voice as well as tears in her eyes, until the arrival of Ecclissé saves her – and the tone immediately lightens again. When next Alcmène is faced with a god in tête-à-tête (III. 5) the comedy is enriched by this more serious undertone and, in a play distinguished by its unity, we yet find an atmosphere almost different in kind from the encounters of Act I.

Giraudoux's second big departure from his sources is in giving Jupiter the desire for a second night with Alcmène. This hardly needs comment, for it provides the main theme of the play and as such has already been discussed (pp. xiii–xv).

Thirdly, Giraudoux invents the Léda episode. It serves several functions. It completes the slickness and balance of the plot (putting Amphitryon on a par with his wife, faithful in intent but duped into infidelity), while adding to the ambiguity already discussed (pp. xiv–xv). But, as with every other scene, it also contributes to the dramatic 'relief', the constant variety of atmosphere. Coming after the rather tense scene with Mercure, it brings us back to the light-hearted equivocations of bedroom farce and rings the changes in language with the pure poetry of the swan and pear-tree speeches, and the contrast of Léda's faintly pretentious intellectuality with Alcmène's flattering simplicity.

Lastly, what of Giraudoux's treatment of Sosie and the rest? Here we come to a principle of the play's construction that has already been implied: the plot and the thematic material are interwoven in a sort of musical structure that balances scene against scene, mood against mood, image against image. The two Sosie scenes, for instance, with all their precious and witty irrelevance, are placed immediately before the two big Alcmène–Amphitryon dialogues (I. 3, III. 3) and set off these calmer, warmer scenes. At the same time the second Sosie scene is a close mirror image of the first and so takes us back, reminds us of the smiling I. 3 when we are given the sadder III. 3. And again, similar as III. 1 may be to I. 2, it serves another function, that of contrasting with Alcmène's loyalty the clichés and vulgar inanity of the crowd – 'ces tristes sires, qui acclament ce qu'ils croient ma faute et insulteraient à ma vertu'. Thus, irrelevant though they are to the plot, we can see how intimately the Sosie scenes are bound into the structure of the play.

STYLE

Jouer avec les mots est un moyen comme un autre de jouer avec les pensées, les actions et les êtres. (Musset.)

The epithet most often applied to Giraudoux is that of 'précieux'. It is a vague term that can best be defined by a whole historical analysis, and the specialist student is advised to read René Bray's *La Préciosité et les Précieux* (see p. xxvi). But it may be roughly characterized as an attention to style, a refinement and artificiality of language that seeks to create a poetic world of its own. It is seen as a flight from naturalism, a 'nostalgie de la pureté'. Giraudoux himself describes it as 'un excessif panthéisme, et la politesse envers la creation'. René Bray distinguishes it from wit: 'L'homme d'esprit joue sur le mot; le précieux aussi, mais avec une intention poétique que le premier ne connaît pas'; and Claude-Edmonde Magny goes further, by describing Giraudoux's world as 'un univers entièrement créé par le langage'. I think Giraudoux's brand of preciosity is best shown up by comparison and contrast with that known as Marivaudage. At first sight there is a family resemblance: 'Mon cœur ne sait ce qu'il dit' (Marivaux); 'votre visage aussi est une belle parole' (Giraudoux). In both, situations involving genuine emotion are covered with a sparkling overlay of wit. But Marivaux's elegantly artificial characters are set in a world of hard social reality; he has no illusions about human motive. Whereas Giraudoux's work is suffused with a sort of *tendresse*: he feels for his own characters and loves the world they live in, a world entirely of his own creation, a world of *pins parasols* and *écume*, *cabochons* and *platine*, *ocelots* and *barbets*, *garance* and *mordoré* – or, as he expresses it, 'un monde sans péché originel'.

The chief stylistic trait of Giraudoux is a constant enlivening of language and imagery by every possible device. Claude-Edmonde Magny quotes him as talking of 'les deux glandes du poète: le goût de la métamorphose ... et le goût de la métaphore'. The former is most often achieved by the latter. His use of metaphor is constant and always striking. Amphitryon's tunic is seen through the chinks of his armour: 'cette chair d'aurore ... au fond de cette triste nuit ...' (p. 15); Jupiter feels himself '... devenir un filtre, un sablier de sang. ... L'heure humaine bat en moi à me meurtrir.' (p. 25); Alcmène wonders what it will feel like 'quand le monde s'emplira par des éclairs d'allusions à celui qui m'a souillée' (p. 80). Most of these are both striking and effective. Sometimes they are moving, too: 'Laisse entre nous deux ce doux intervalle, cette porte de tendresse que les enfants, les chats, les oiseaux, aiment trouver entre deux vrais époux' (p. 79). (It is typical of Giraudoux to have added the incongruous 'les oiseaux' to this last example.) Occasionally the search for paradox becomes irritatingly precious: 'Il n'y a pas plus casanier, si ce n'est les tigres, que les conquérants au repos' (p. 7); or even meaningless: 'les étrangères ... s'adorent elles-mêmes, car elles restent étrangères a elles-mêmes ...' (p. 20). But such instances are surprisingly few.

Often words are revivified by giving a slight twist to a cliché: '... suivre leur jeu en chair et en couleur' (p. 5); or by punning: '... tomber tout velours sur les soies.' (p. 87); or by both at once: 'Je les gagne par l'enveloppement ... Quel beau combat d'oiseaux!' (p. 16). Irony linked with incongruity revitalizes clichés as well as providing one of the most constant sources of humour: 'Quelle nuit divine ...' (p. 34); 'j'ai horreur des faux pas' (p. 66); 'Le voici, chérie, et bien imité.' (p. 67).

One effect of all this is to throw words, individual words, into vivid relief. This is also achieved by such rhetorical devices as zeugma ('... épargnent les lampes à huile et leurs ennuis.' p. 23) although such conscious tricks are mainly confined to the artifice of the Mercure and the Sosie scenes. But the effect is also gained, and more subtly, by an ambiguous use or juxtaposition of words. Thus Amphitryon, speaking of his helmet, says '... les cabochons sont deux émeraudes', a phrase in which *cabochon* means a stud, but, by its context, conjures in the imagination a picture of a smooth-cut emerald. The whole of Jupiter's curtain speech is rich in such ambivalence.

Vividness and wealth of imagery; use of paradox, incongruity, ambivalence, irony; the slight twisting of usual words and phrases – all these throw words into relief, and are allied to one of Giraudoux's stranger traits: a love of naming objects. The stylistic world he creates is full of them, almost built of them. How many plants are named in this one play? How many gems, animals, metals, colours? And all those cog-wheels and vine-shoots, pendants, hunch-backs, breastplates and sash-windows!

The images themselves are frequently not isolated, but made to recur. In some cases this provides a sort of poetic thread running through the play. Thus with the conceit '... tant ce baiser l'a alourdie!' (p. 6) which comes again in varied forms on pp. 38, and 43; or that of listening to silence (pp. 51, 70, 71, 79). In other cases it is used as a leitmotiv for a character: Amphitryon is associated at least nine times with his horses, especially with their easy gait; Alcmène with the epithet *éphémère* and with echo (pp. 37, 47, 70); Léda with statuary. In the case of 'echo' Giraudoux also uses it for dramatic effect, Mercure's remark of p. 47 preparing for the curtain-lines of Act II.

Where the images recur only once, Giraudoux's trick of balancing them serves a unifying dramatic effect. The talk of old age and of Philémon and Baucis (I. 3) is mirrored under different circumstances in III. 3 and intensifies the balance and contrast between these two scenes already discussed (p. xxi). The musical construction of the play, then, lies as much in such stylistic detail as in the scene structure, just as a symphonic movement is built up not only of broader sections (exposition – development – recapitulation) but also of details of subject, theme, phrase.

This strangely rich and rare language would not be *dramatically*

xxiv

justified merely on the above grounds. That Giraudoux succeeded in the theatre is, stylistically at least, because of his variety of linguistic tone and pace. True, all his characters talk elegantly. Ecclissé's silliness, for example, emerges from what she says, not the way she says it. But there is a constant contrast in tone between the speakers in any dialogue. Alcmène, for all her wit, generally speaks simply. Compare her with Jupiter in I. 6: his preciosity is constantly deflated by her disarming replies, as is the pomposity of his oath. The same happens again with even more telling effect in II. 2. Indeed it is through this command of tone, as much as by other means, that Giraudoux conveys Alcmène's 'intransigent humanity' and her victory over the gods. In II. 5 on the other hand, as the badinage between Alcmène and Mercure turns to tension, the dialogue becomes swift and economical. When Alcmène is alone with Amphitryon, her language becomes poetic in contrast to his utter simplicity. And this heightening of ordinary speech into a sort of lyric tone is another noteworthy aspect of Giraudoux's style and dramatic technique. It occurs notably in I. 3, II. 2, II. 6, III. 3 and III. 6. The Sosie scenes, too, whether the spectator finds them irritatingly artificial or wittily poetic, representa variation of this stylistic trait.

A brilliant and complex use of imagery, dramatically varied control of tone and pace, a sure sense of dialogue, irony, humour, and directness – all these add up to a theatre of verbality but none the less true theatre. If the reader accepts Giraudoux's idea expressed in *L'Impromptu de Paris* and quoted on p. xiii, then he may well accept the rest of the quotation: '. . . et c'est pour cela, à mon avis, que le talent dé l'écriture lui est indispensable, car c'est le style qui renvoie sur l'âme des spectateurs mille reflets, mille irisations qu'ils n'ont pas plus besoin de comprendre que la tache de soleil envoyée par la glace'.

Some of the Books
and Periodicals Consulted

BOOKS

ALBÉRÈS, R. M.   *Esthétique et Morale chez Giraudoux*. Paris. Nizet, 1957 (A masterly thesis)

BRAY, R.   *La Préciosité et les Précieux*. Paris. Albin Michel, 1948

DEBIDOUR, V. H.   *Jean Giraudoux*. Paris. Éditions Universitaires 1958 (A good and easily accessible study)

DURRY, M.-J.   *L'Univers de Giraudoux*. Paris. Mercure de France, 1961

HØST, G.   *L'œuvre de Jean Giraudoux*. Oslo. H. Asche Lang, 1942

INSKIP, D. J.   *Jean Giraudoux, the making of a dramatist*. London. Oxford University Press, 1958 (A useful general study)

KNOWLES, D.   *French Drama of the Inter-War Years 1918–1939*. London, Harrap, 1967

MAGNY, C.-E.   *Précieux Giraudoux*. Paris. Éditions du Seuil, 1945

MARKER, C.   *Giraudoux par lui-même*. Paris. Éditions du Seuil, 1952 (A good and easily accessible study)

SØRENSEN, H.   *Le Théâtre de Giraudoux*. Copenhagen. Munksgaard, 1950 (A useful general study)

ARTICLES

JOUVET, L.   Dans les yeux de Giraudoux. *Pages Fran-
çaises*, No. 2, 1945

—   Prestiges et Perspectives du Théâtre
Français, *Nouvelle Revue Française*, 1945

PRÉVOST, J.   L'esprit de Giraudoux. *Nouvelle Revue
Française*, 1 July 1933

Amphitryon 38

Comédie en trois actes représentée pour la première fois à la Comédie des Champs Élysées, le 8 Novembre 1929 avec la mise en scène de Louis Jouvet.

Noms des artistes dans l'ordre de leur entrée en scène :

Jupiter	Pierre Renoir
Mercure	Louis Jouvet
Sosie	Romain Bouquet
Le Trompette	Michel Simon
Le Guerrier	Alexandre Rignault
Alcmène	Valentine Tessier
Amphitryon	Allain-Durthal
Ecclissé	Charlotte Clasis
Léda	Lucienne Bogaert
L'Echo	Suzet Mais

CETTE ÉDITION DONNE LE TEXTE COMPLET DE LA PIÈCE

Le texte utilisé pour la représentation devra être demandé à la Société des Auteurs et Compositeurs dramatiques, 9, rue Ballu, Paris.

Acte Premier

Une terrasse près d'un palais

SCÈNE PREMIÈRE

Jupiter. Mercure

JUPITER Elle est là, cher Mercure!

MERCURE Où cela, Jupiter?

JUPITER Tu vois la fenêtre éclairée, dont la brise remue le voile? Alcmène est là! Ne bouge point. Dans quelques minutes, tu pourras peut-être voir passer son ombre.

MERCURE A moi cette ombre suffira. Mais je vous admire, Jupiter, quand vous aimez une mortelle, de renoncer à vos privilèges divins et de perdre une nuit au milieu de cactus et de ronces pour apercevoir l'ombre d'Alcmène, alors que de vos yeux habituels vous pourriez si facilement percer les murs de sa chambre, pour ne point parler de son linge.

JUPITER Et toucher son corps de mains invisibles pour elle, et l'enlacer d'une étreinte qu'elle ne sentirait pas!

MERCURE Le vent aime ainsi, et il n'en est pas moins, autant que vous, un des principes de la fécondité.

JUPITER Tu ne connais rien à l'amour terrestre, Mercure!

MERCURE Vous m'obligez trop souvent à prendre figure d'homme pour l'ignorer. A votre suite, parfois j'aime une femme. Mais, pour l'aborder, il faut lui plaire, puis la déshabiller, la rhabiller;

puis, pour obtenir de la quitter, lui déplaire ... C'est tout un métier. . .*

JUPITER J'ai peur que tu n'ignores les rites de l'amour humain. Ils sont rigoureux; de leur observation seule naît le plaisir.

MERCURE Je connais ces rites.

JUPITER Tu la suis d'abord, la mortelle, d'un pas étoffé et égal aux siens, de façon à ce que tes jambes se déplacent du même écart, d'où naît dans la base du corps le même appel et le même rythme?

MERCURE Forcément, c'est la première règle.

JUPITER Puis, bondissant, de la main gauche tu presses sa gorge, où siègent à la fois les vertus et la défaillance, de la main droite tu caches ses yeux, afin que les paupières, parcelle la plus sensible de la peau féminine, devinent à la chaleur et aux lignes de la paume ton désir d'abord, puis ton destin et ta future et douloureuse mort, – car il faut un peu de pitié pour achever la femme.

MERCURE Deuxième presciption; je la sais par cœur.

JUPITER Enfin, ainsi conquise, tu délies sa ceinture, tu l'étends, avec ou sans coussin sous la tête, suivant la teneur plus ou moins riche de son sang?

MERCURE Je n'ai pas le choix; c'est la troisième et dernière règle.

JUPITER Et ensuite, que fais-tu? Qu'éprouves-tu?

MERCURE Ensuite? Ce que j'éprouve? Vraiment rien de particulier, tout à fait comme avec Vénus!

JUPITER Alors pourquoi viens-tu sur la terre?

MERCURE Comme un vrai humain, par laisser aller. Avec sa dense atmosphère et ses gazons, c'est la planète où il est le plus doux d'atterrir et de séjourner, bien qu'évidemment ses métaux, ses essences, ses êtres sentent fort, et que ce soit le seul astre qui ait l'odeur d'un fauve.

JUPITER Regarde le rideau! Regarde vite!

MERCURE Je vois. C'est son ombre.

JUPITER Non. Pas encore. C'est d'elle ce que ce tissu peut prendre de plus irréel, de plus impalpable. C'est l'ombre de son ombre!

MERCURE Tiens, la silhouette se coupe en deux! C'était deux personnes enlacées! Ce n'était pas du fils de Jupiter que cette ombre était grosse,* mais simplement de son mari! Car c'est lui, du moins je l'espère pour vous, ce géant qui s'approche et qui l'embrasse encore!

JUPITER Oui, c'est Amphitryon, son seul amour.

MERCURE Je comprends pourquoi vous renoncez à votre vue divine, Jupiter. Voir l'ombre du mari accoler l'ombre de sa femme est évidemment moins pénible que de suivre leur jeu en chair et en couleur!*

JUPITER Elle est là, cher Mercure, enjouée, amoureuse.

MERCURE Et docile, à ce qu'il paraît.

JUPITER Et ardente.

MERCURE Et comblée, je vous le parie.

JUPITER Et fidèle.

MERCURE Fidèle au mari, ou fidèle à soi-même, c'est là la question.

JUPITER L'ombre a disparu. Alcmène s'étend sans doute, dans sa langueur, pour s'abandonner au chant de ces trop heureux rossignols!

MERCURE N'égarez pas votre jalousie sur ces oiseaux, Jupiter. Vous savez parfaitement le rôle désintéressé qu'ils jouent dans l'amour des femmes. Pour plaire à celles-là, vous vous êtes déguisé parfois en taureau, jamais en rossignol. Non, non, tout le danger réside dans la présence du mari de cette belle blonde!

JUPITER Comment sais-tu qu'elle est blonde?

MERCURE Elle est blonde et rose, toujours rehaussée au visage par du soleil, à la gorge par de l'aurore, et là où il le faut par toute la nuit.

JUPITER Tu inventes, ou tu l'as épiée?

MERCURE Tout à l'heure, pendant son bain, j'ai simplement repris une minute mes prunelles de dieu ... Ne vous fâchez pas. Me voici myope à nouveau.

JUPITER Tu mens! Je le devine à ton visage. Tu la vois! Il est un reflet, même sur le visage d'un dieu, que donne seulement la phosphorescence d'une femme. Je t'en supplie! Que fait-elle?

MERCURE Je la vois, en effet...

JUPITER Elle est seule?

MERCURE Elle est penchée sur Amphitryon étendu. Elle soupèse sa tête en riant. Elle la baise, puis la laisse retomber, tant ce baiser l'a alourdie! La voilà de face. Tiens, je m'étais trompé! Elle est toute, toute blonde.

JUPITER Et le mari?

MERCURE Brun, tout brun, la pointe des seins abricot.

JUPITER Je te demande ce qu'il fait.

MERCURE Il la flatte de la main, ainsi qu'on flatte un jeune cheval... C'est un cavalier célèbre d'ailleurs.

JUPITER Et Alcmène?

MERCURE Elle a fui, à grandes enjambées. Elle a pris un pot d'or, et, revenant à la dérobée, sa prépare à verser sur la tête du mari une eau fraîche... Vous pouvez la rendre glaciale, si vous voulez.

JUPITER Pour qu'il s'énerve, certes non!

MERCURE Ou bouillante.

JUPITER Il me semblerait ébouillanter Alcmène, tant l'amour d'une épouse sait faire de l'époux une part d'elle-même.

MERCURE Mais enfin que comptez-vous faire avec la part d'Alcmène qui n'est pas Amphitryon?

JUPITER L'étreindre, la féconder!

MERCURE Mais par quelle entreprise? La principale difficulté, avec les femmes honnêtes, n'est pas de les séduire, c'est de les amener dans des endroits clos. Leur vertu est faite des portes entr'ouvertes.

JUPITER Quel est ton plan?

MERCURE Plan humain ou plan divin?

JUPITER Et quelle serait la différence?

6

MERCURE Plan divin: l'élever jusqu'à nous, l'étendre sur des nuées, lui laisser reprendre, après quelques instants, lourde d'un héros, sa pesanteur.

JUPITER Je manquerais ainsi le plus beau moment de l'amour d'une femme.

MERCURE Il y en a plusieurs? Lequel?

JUPITER Le consentement.

MERCURE Alors prenez le moyen humain : entrez par la porte, passez par le lit, sortez par la fenêtre.

JUPITER Elle n'aime que son mari.

MERCURE Empruntez la forme du mari.

JUPITER Il est toujours là. Il ne bouge plus du palais. Il n'y a pas plus casanier, si ce n'est les tigres, que les conquérants au repos!

MERCURE Eloignez-le. Il est une recette pour éloigner les conquérants de leur maison.

JUPITER La guerre?

MERCURE Faites déclarer la guerre à Thèbes.

JUPITER Thèbes est en paix avec tous ses ennemis.

MERCURE Faites-lui déclarer la guerre par un pays ami ... Ce sont des services qui se rendent, entre voisins ... Ne vous faites pas d'illusion ... Nous sommes des dieux ... Devant nous l'aventure humaine se cabre et se stylise. Le sort exige beaucoup plus de nous sur la terre que des hommes ... Il nous faut au moins amonceler par milliers les miracles et les prodiges, pour obtenir d'Alcmène la minute que le plus maladroit des amants mortels obtient par des grimaces ... Faites surgir un homme d'armes qui annonce la guerre ... Lancez aussitôt Amphitryon à la tête de ses armées, prenez sa forme, et prêtez-moi, dès son départ, l'apparence de Sosie pour que j'annonce discrètement à Alcmène qu'Amphitryon feint de partir, mais reviendra passer la nuit au palais ... Vous voyez. On nous dérange déjà. Cachons-nous ... Non, ne faites pas de nuée spéciale, Jupiter! Ici-bas nous avons, pour nous rendre invisibles aux créanciers, aux jaloux, même aux soucis, cette grande entreprise démocratique, – la seule réussie, d'ailleurs, – qui s'appelle la nuit.

SCÈNE DEUXIÈME

Sosie. Le Trompette. Le Guerrier

SOSIE C'est toi, le trompette de jour?

LE TROMPETTE Si j'ose dire, oui. Et toi, qui es-tu? Tu ressembles à quelqu'un que je connais.

SOSIE Cela m'étonnerait, je suis Sosie. Qu'attends-tu? Sonne!

LE TROMPETTE Que dit-elle, votre proclamation?

SOSIE Tu vas l'entendre.

LE TROMPETTE C'est pour un objet perdu?*

SOSIE Pour un objet retrouvé.* Sonne, te dis-je!

LE TROMPETTE Tu ne penses pas que je vais sonner sans savoir de quoi il s'agit?

SOSIE Tu n'as pas le choix, tu n'as qu'une note à ta trompette.

LE TROMPETTE Je n'ai qu'une note à ma trompette, mais je suis compositeur d'hymnes.

SOSIE D'hymnes à une note? Dépêche-toi. Orion paraît.

LE TROMPETTE Orion paraît, mais, si je suis célèbre parmi les trompettes à une note, c'est qu'avant de sonner, ma trompette à la bouche, j'imagine d'abord tout un développement musical et silencieux, dont ma note devient la conclusion. Cela lui donne une valeur inattendue.

SOSIE Hâte-toi, la ville s'endort.

LE TROMPETTE La ville s'endort, mais mes collègues, je te le répète, en enragent de jalousie. On m'a dit qu'aux écoles de trompette ils s'entraînent uniquement désormais à perfectionner

8

la qualité de leur silence. Dis-moi donc de quel objet perdu il s'agit, pour que je compose mon air muet en conséquence.

SOSIE Il s'agit de la paix.

LE TROMPETTE De quelle paix?

SOSIE De ce qu'on appelle la paix, de l'intervalle entre deux guerres!* Tous les soirs Amphitryon ordonne que je lise une proclamation aux Thébains. C'est un reste des habitudes de campagne. Il a remplacé l'ordre du jour par l'ordre de nuit. Sur les manières diverses de se protéger des insectes, des orages, du hoquet. Sur l'urbanisme, sur les dieux. Toutes sortes de conseils d'urgence. Ce soir, il leur parle de la paix.

LE TROMPETTE Je vois. Quelque chose de pathétique, de sublime? Ecoute.

SOSIE Non, de discret.

Le trompette porte la trompette à sa bouche, bat de la main une mesure légère, et enfin, sonne.

SOSIE A mon tour maintenant!

LE TROMPETTE C'est vers les auditeurs qu'on se tourne, quand on lit un discours, non vers l'auteur.

SOSIE Pas chez les hommes d'Etat. D'ailleurs là-bas ils dorment tous. Pas une seule lumière. Ta trompette n'a pas porté.

LE TROMPETTE S'ils ont entendu mon hymne muet, cela me suffit . . .

SOSIE *déclamant.* O Thébains! Voici la seule proclamation que vous puissiez entendre dans vos lits, et sans qu'il soit besoin de vous tirer du sommeil! Mon maître, le général Amphitryon, veut vous parler de la paix . . . Quoi de plus beau que la paix? Quoi de plus beau qu'un général qui vous parle de la paix? Quoi de plus beau qu'un général qui vous parle de la paix des armes dans la paix de la nuit?

LE TROMPETTE Qu'un général?

SOSIE Tais-toi.

LE TROMPETTE Deux généraux.

Dans le dos même de Sosie, gravissant degré par degré l'escalier qui mène à la terrasse, surgit et grandit un guerrier géant, en armes.

SOSIE Dormez, Thebains! Il est bon de dormir sur une patrie que n'éventrent point les tranchées de la guerre, sur des lois qui ne sont pas menacées, au milieu d'oiseaux, de chiens, de chats, de rats qui ne connaissent pas le goût de la chair humaine. Il est bon de porter son visage national, non pas comme un masque à effrayer ceux qui n'ont pas le même teint et le même poil, mais comme l'ovale le mieux fait pour exposer le rire et le sourire. Il est bon, au lieu de reprendre l'échelle des assauts, de monter vers le sommeil par l'escabeau des déjeuners, des dîners, des soupers, de pouvoir entretenir en soi sans scrupule la tendre guerre civile des ressentiments, des affections, des rêves!... Dormez! Quelle plus belle panoplie que vos corps sans armes et tout nus, étendus sur le dos, bras écartés, chargés uniquement de leur nombril... Jamais nuit n'a été plus claire, plus parfumée, plus sûre... Dormez.

LE TROMPETTE Dormons.

Le guerrier gravit les derniers degrés et se rapproche.

SOSIE *tirant un rouleau et lisant* – Entre l'Ilissus et son affluent, nous avons fait un prisonnier, un chevreuil venu de Thrace... Entre le mont Olympe et le Taygète, par une opération habile, nous avons fait sortir des sillons un beau gazon, qui deviendra le blé, et lancé sur les seringas deux vagues entières d'abeilles. Sur les bords de la mer Egée, la vue des flots et des étoiles n'oppresse plus le cœur, et dans l'Archipel, nous avons capté mille signaux* de temples à astres, d'arbres à maisons, d'animaux à hommes, que

nos sages vont s'occuper des siècles à déchiffrer . . . Des siècles de
paix nous menacent ! . . . Maudite soit la guerre ! . . .

Le guerrier est derrière Sosie.

LE GUERRIER Tu dis ?

SOSIE Je dis ce que j'ai à dire : Maudite soit la guerre !

LE GUERRIER Tu sais à qui tu le dis ?

SOSIE Non.

LE GUERRIER A un guerrier !

SOSIE Il y a différentes sortes de guerre !

LE GUERRIER Pas de guerriers . . . Où est ton maître ?

SOSIE Dans cette chambre, la seule éclairée.

LE GUERRIER Le brave général ! Il étudie ses plans de bataille ?

SOSIE Sans aucun doute. Il les lisse, il les caresse.*

LE GUERRIER Quel grand stratège . . .

SOSIE Il les étend près de lui, à eux colle sa bouche.

LE GUERRIER C'est la nouvelle théorie. Porte-lui ce message à
l'instant ! Qu'il s'habille ! Qu'il se hâte ! Ses armes sont en état ?

SOSIE Un peu rouillées, accrochées du moins à des clous neufs.

LE GUERRIER Qu'as-tu à hésiter ?

SOSIE Ne peux-tu attendre demain ? Jusqu'à ses chevaux se sont
couchés, ce soir. Ils se sont étendus sur le flanc, comme des
humains, si grande est la paix. Les chiens de garde ronflent au
fond de la niche, sur laquelle perche un hibou.

LE GUERRIER Les animaux ont tort de se confier à la paix
humaine !

SOSIE Ecoute ! De la campagne, de la mer résonne partout ce
murmure que les vieillards appellent l'écho de la paix.

LE GUERRIER C'est dans ces moments-là qu'éclate la guerre !

SOSIE La guerre !

LE GUERRIER Les Athéniens ont rassemblé leurs troupes et passé
la frontière.

SOSIE Tu mens, ce sont nos alliés !

LE GUERRIER Si tu veux. Nos alliés, donc, nous envahissent.* Ils prennent des otages, Ils les supplicient. Réveille Amphitryon !

SOSIE Si j'avais à ne le réveiller que du sommeil et non du bonheur ! Ce n'est vraiment pas de chance : le jour de la proclamation sur la paix !

LE GUERRIER Personne ne l'a entendue. Va, et toi demeure. Sonne ta trompette . . .

Sosie sort.

LE TROMPETTE Il s'agit de quoi ?

LE GUERRIER De la guerre !

LE TROMPETTE Je vois. Quelque chose de pathétique, de sublime ?

LE GUERRIER Non, de jeune.

Le trompette sonne, Le guerrier est penché sur la balustrade et crie.

LE GUERRIER Réveillez-vous Thébains ! Voici la seule proclamation que vous ne puissiez entendre endormis ! Que tous ceux dont les corps sont forts et sans défaut s'isolent à ma voix de cette masse suante et haletante confondue dans la nuit. Levez-vous ! Prenez vos armes ! Ajoutez à votre poids cet appoint de métal pur qui seul donne le vrai alliage du courage humain. Ce que c'est ? C'est la guerre !

LE TROMPETTE Ce qu'ils crient !

LE GUERRIER C'est l'égalité, c'est la liberté, la fraternité* : c'est la guerre ! Vous tous, pauvres, que la fortune a injustement traités, venez vous venger sur les ennemis ! Vous tous, riches, venez connaître la suprême jouissance, faire dépendre le sort de vos trésors, de vos joies, de vos favorites, du sort de votre patrie ! Vous, joueurs, venez jouer votre vie ! Vous, jouisseurs impies, la guerre vous permet tout, d'aiguiser vos armes sur les statues même des dieux, de choisir entre les lois, entre les femmes! Vous, paresseux, aux tranchées: la guerre est le triomphe de la paresse. Vous, hommes diligents, vous avez l'intendance. Vous, qui aimez les beaux enfants, vous savez qu'après les guerres un mystère veut qu'il naisse plus de garçons que de filles, excepté chez les Amazones . . . Ah! j'aperçois là-bas, dans cette chaumière, la première lampe que le cri de la guerre ait allumée . . . Voilà la seconde, la troisième, toutes s'allument. Premier incendie de la guerre, le plus beau, qui incendie la ligne des familles! . . . Levez-vous, rassemblez-vous. Car qui oserait préférer à la gloire d'aller pour la patrie souffrir de la faim, souffrir de la soif, s'enliser dans les boues, mourir, la perspective de rester loin du combat, dans la nourriture et la tranquillité . . .

LE TROMPETTE Moi.

LE GUERRIER D'ailleurs ne craignez rien. Le civil s'exagère les dangers de la guerre. On m'affirme que se réalisera enfin cette fois ce dont est persuadé chaque soldat au départ pour la guerre: que, par un concours divin de circonstances, il n'y aura pas un mort et que tous les blessés le seront au bras gauche, excepté les gauchers. Formez vos compagnies!* . . . C'est là le grand mérite des patries, en réunissant les êtres éparpillés, d'avoir remplacé le duel par la guerre. Ah! que la paix se sent honteuse, elle qui accepte pour la mort les vieillards, les malades, les infirmes, de voir que la guerre n'entend livrer au trépas que des hommes vigoureux, et parvenus au point de santé le plus haut où puissent parvenir des hommes . . . C'est cela: Mangez, buvez un peu, avant votre départ . . . Ah! qu'il est bon à la langue le restant de pâté de lièvre arrosé de vin blanc, entre l'épouse en larmes et les enfants qui sortent du lit un par un, par ordre d'âge, comme ils sont sortis du néant! Guerre: Salut!

LE TROMPETTE Voilà Sosie!

LE GUERRIER Ton maître est prêt?

SOSIE Il est prêt. C'est ma maîtresse qui n'est pas tout à fait prête.

Il est plus facile de revêtir l'uniforme de la guerre que celui de l'absence.

LE GUERRIER Elle est de celles qui pleurent?

SOSIE De celles qui sourient. Mais les épouses guérissent plus facilement des larmes que d'un tel sourire. Les voilà . . .

LE GUERRIER En route !

SCÈNE TROISIÈME

Alcmène. Amphitryon

ALCMÈNE Je t'aime, Amphitryon.

AMPHITRYON Je t'aime, Alcmène.

ALCMÈNE C'est bien là le malheur ! Si nous avions chacun un tout petit peu de haine l'un pour l'autre, cette heure en serait moins triste.

AMPHITRYON Il n'y a plus à nous le dissimuler, femme adorée, nous ne nous haïssons point.*

ALCMÈNE Toi, qui vis près de moi toujours distrait, sans te douter que tu as une femme parfaite, tu vas enfin penser à moi dès que tu seras loin, tu le promets?

AMPHITRYON J'y pense déjà, chérie.

ALCMÈNE Ne te tourne pas ainsi vers la lune. Je suis jalouse d'elle. Quelles pensées prendrais-tu d'ailleurs de cette boule vide?

AMPHITRYON De cette tête blonde, que vais-je prendre?

ALCMÈNE Deux frères: le parfum et le souvenir . . . Comment ! tu t'es rasé? On se rase maintenant pour aller à la guerre? Tu comptes paraître plus redoutable, avec la peau poncée?*

AMPHITRYON J'abaisserai mon casque. La Méduse y est sculptée.*

ALCMÈNE C'est le seul portrait de femme que je te permette. Oh ! tu t'es coupé, tu saignes ! Laisse-moi boire sur toi le premier sang

de cette guerre ... Vous buvez encore votre sang, entre adver-
saires?

AMPHITRYON A notre santé mutuelle, oui.

ALCMÈNE Ne plaisante pas. Abaisse plutôt ce casque, que je te
regarde avec l'œil d'un ennemi.

AMPHITRYON Apprête-toi à frémir!

ALCMÈNE Que la Méduse est peu effrayante, quand elle regarde
avec tes yeux! ... Tu la trouves intéressante, cette façon de
natter ses cheveux?

AMPHITRYON Ce sont des serpents taillés en plein or.

ALCMÈNE En vrai or?

AMPHITRYON En or vierge, et les cabochons sont deux émeraudes.

ALCMÈNE Méchant mari, comme tu es coquet avec la guerre!
Pour elle les bijoux, les joues lisses. Pour moi, la barbe naissante,
l'or non vierge! Et tes jambières, en quoi sont-elles?

AMPHITRYON En argent. Les nielles, de platine.

ALCMÈNE Elles ne te serrent pas? Tes jambières d'acier sont bien
plus souples pour la course.

AMPHITRYON Tu as vu courir des généraux en chef?

ALCMÈNE En somme, tu n'as rien de ta femme sur toi. Tu ne
t'habillerais pas autrement, pour un rendez-vous. Avoue-le, tu
vas combattre les Amazones. Si tu mourrais au milieu de ces
excitées, cher époux, on ne trouverait sur toi rien de ta femme,
aucun souvenir, aucune marque ... Quelle vexation pour
moi! ... Je vais te mordre au bras, avant ton départ ... Quelle
tunique portes-tu, sous ta cuirasse?

AMPHITRYON L'églantine, avec les galons noirs.

ALCMÈNE Voilà donc ce que j'aperçois à travers les joints, quand
tu respires et qu'ils s'ouvrent, et qui te fait cette chair d'aurore!
... Respire, respire encore, et laisse-moi entrevoir ce corps
rayonnant au fond de cette triste nuit ... Tu restes encore un
peu, tu m'aimes?

AMPHITRYON Oui, j'attends mes chevaux.

ALCMÈNE Relève un peu ta Méduse. Essaie-là sur les étoiles. Regarde, elles n'en scintillent que mieux. Elles ont de la chance. Elles s'apprêtent à te guider.

AMPHITRYON Les généraux ne lisent pas leur chemin dans les étoiles.

ALCMÈNE Je sais. Ce sont les amiraux ... Laquelle choisis-tu, pour que nos yeux se portent sur elle, demain et chaque soir, à cette heure de la nuit? Même s'ils me parviennent par une aussi lointaine et banale entremise, j'aime tes regards.

AMPHITRYON Choisissons! ... Voici Vénus, notre amie commune.

ALCMÈNE Je n'ai pas confiance en Vénus. Tout ce qui touche mon amour, j'en aurai soin moi-même.

AMPHITRYON Voici Jupiter, c'est un beau nom!

ALCMÈNE Il n'y en a pas une sans nom?

AMPHITRYON Cette petite là-bas, appelée par tous les astronomes l'étoile anonyme.

ALCMÈNE Cela aussi est un nom ... Laquelle a lui sur tes victoires? Parle-moi de tes victoires, chéri ... Comment les gagnes-tu? Dis à ton épouse ton secret! Tu les gagnes en chargeant, en criant mon nom, en forçant cette barrière ennemie au-delà de laquelle seulement se retrouve tout ce qu'on a laissé derrière soi, sa maison, ses enfants, sa femme?

AMPHITRYON Non, chérie.

ALCMÈNE Explique!

AMPHITRYON Je les gagne par l'enveloppement de l'aile gauche avec mon aile droite, puis par le sectionnement de leur aile droite entière par mes trois quarts d'aile* gauche, puis par des glissements répétés de ce dernier quart d'aile, qui me donne la victoire.

ALCMÈNE Quel beau combat d'oiseaux! Combien en as-tu gagné, aigle chéri?

AMPHITRYON Une, une seule.

ALCMÈNE Cher époux, auquel un seul triomphe a valu plus de

gloire qu'à d'autres une vie de conquêtes ! Demain cela fera deux,
n'est-ce pas ? Car tu vas revenir, tu ne seras pas tué ?

AMPHITRYON Demande au destin.

ALCMÈNE Tu ne seras pas tué ! Ce serait trop injuste. Les généraux
en chef ne devraient pas être tués !

AMPHITRYON Pourquoi ?

ALCMÈNE Comment, pourquoi ? Ils ont les femmes les plus belles,
les palais les mieux tenus, la gloire. Tu as la plus lourde vaisselle
d'or de Grèce, chéri. Une vie humaine n'a pas à s'envoler sous
ce poids . . . Tu as Alcmène !

AMPHITRYON Aussi penserai-je à Alcmène pour mieux tuer mes
ennemis.

ALCMÈNE Tu les tues comment ?

AMPHITRYON Je les atteins avec mon javelot, je les abats avec ma
lance, et je les égorge avec mon épée, que je laisse dans la plaie . . .

ALCMÈNE Mais tu es désarmé après chaque mort d'ennemi comme
l'abeille après sa piqûre . . . ! Je ne vais plus dormir, ta méthode
est trop dangereuse ! . . . Tu en as tué beaucoup ?

AMPHITRYON Un, un seul.

ALCMÈNE Tu es bon, chéri ! C'était un roi, un général ?

AMPHITRYON Non. Un simple soldat.

ALCMÈNE Tu es modeste ! Tu n'as pas de ces préjugés qui, même
dans la mort, isolent les gens par caste . . . Lui as-tu laissé une
minute, entre la lance et l'épée pour qu'il te reconnaisse et comprenne à quel honneur tu daignais ainsi l'appeler ?

AMPHITRYON Oui, il regardait ma Méduse, lèvres sanglantes,
d'un pauvre sourire respectueux.

ALCMÈNE Il t'a dit son nom, avant de mourir ?

AMPHITRYON C'était un soldat anonyme. Ils sont un certain
nombre comme cela ;* c'est juste le contraire des étoiles.

ALCMÈNE Pourquoi n'a-t-il pas dit son nom ? Je lui aurais élevé un
monument dans le palais. Toujours, son autel aurait été pourvu
d'offrandes et de fleurs. Aucune ombre aux enfers n'aurait été

plus choyée que le tué de mon époux . . . Ah ! cher mari, je me réjouis que tu sois l'homme d'une seule victoire, d'une seule victime. Car peut-être aussi es-tu l'homme d'une seule femme . . . Ce sont tes chevaux ! . . . Embrasse-moi . . .

AMPHITRYON Non, les miens vont l'amble. Mais je peux t'embrasser quand même. Doucement, chérie, ne te presse pas trop fort contre moi ! Tu te ferais mal. Je suis un mari de fer.

ALCMÈNE Tu me sens, à travers ta cuirasse ?

AMPHITRYON Je sens ta vie et ta chaleur. Par tous les joints où peuvent m'atteindre les flèches, tu m'atteins. Et toi ?

ALCMÈNE Un corps aussi est une cuirasse. Souvent, étendue dans tes bras même, je t'ai senti plus lointain et plus froid qu'aujourd'hui.

AMPHITRYON Souvent aussi, Alcmène, je t'ai pressée plus triste et plus désolée contre moi. Et cependant je partais pour la chasse, et non pour la guerre . . . Voilà que tu souris ! . . . On dirait que cette annonce subite de la guerre t'a soulagée de quelque angoisse.

ALCMÈNE Tu n'as pas entendu, l'autre matin, sous notre fenêtre, cet enfant pleurer ? Tu n'as pas vu là un sinistre présage ?

AMPHITRYON Le présage commence au coup de tonnerre dans le ciel serein, et encore avec l'éclair triple.

ALCMÈNE Le ciel était serein, et cet enfant pleurait . . . Pour moi c'est le pire présage.

AMPHITRYON Ne sois pas superstitieuse, Alcmène ! Tiens-t'en aux prodiges officiels. Ta servante a-t-elle donné naissance à une fille cousue et palmée ?

ALCMÈNE Non, mais mon cœur se serrait,* des larmes coulaient de mes yeux au moment où je croyais rire . . . J'avais la certitude qu'une menace terrible planait au-dessus de notre bonheur . . . Grâce à Dieu, c'était la guerre, et j'en suis presque soulagée, car la guerre au moins est un danger loyal, et j'aime mieux les ennemis à glaives et à lances. Ce n'était que la guerre !

AMPHITRYON Que pouvais-tu craindre, à part la guerre ? Nous avons la chance de vivre jeunes sur une planète encore jeune, où les méchants n'en sont qu'aux méchancetés primaires, aux viols, aux parricides, aux incestes . . . Nous sommes aimés ici . . . La mort nous trouvera tous deux unis contre elle . . . Que pouvait-on bien menacer autour de nous?

ALCMÈNE Notre amour! Je craignais que tu ne me trompes. Je te voyais dans les bras des autres femmes.

AMPHITRYON De toutes les autres?

ALCMÈNE Une ou mille, peu importe. Tu étais perdu pour Alcmène. L'offense était la même.

AMPHITRYON Tu es la plus belle des Grecques.

ALCMÈNE Aussi n'était-ce pas les Grecques que je craignais. Je craignais les déesses, et les étrangères.

AMPHITRYON Tu dis?

ALCMÈNE Je craignais d'abord les déesses. Quand elles naissent soudain du ciel ou des eaux, roses sans fard, nacrées sans poudre, avec leurs jeunes gorges et leurs regards de ciel, et qu'elles vous enlacent soudain de chevilles, de bras plus blancs que la neige et plus puissants que des leviers, il doit être bien difficile de leur résister, n'est-ce pas?

AMPHITRYON Pour tout autre que moi, évidemment!

ALCMÈNE Mais, comme tous les dieux, elles se vexent d'un rien, et veulent être aimées. Tu ne les aimais pas.

AMPHITRYON Je n'aimais pas non plus les étrangères.

ALCMÈNE Elles t'aimaient! Elles aiment tout homme marié, tout homme qui appartient à une autre, fût-ce à la science ou à la gloire. Quand elles arrivent dans nos villes, avec leurs superbes bagages, les belles à peu près nues sous leur soie ou leur fourrure, les laides portant arrogamment leur laideur comme une beauté parce que c'est une laideur étrangère, c'en est fini, dans l'armée et dans l'art, de la paix des ménages. Car le goût de l'étranger agit plus puissant sur un homme que le goût du foyer. Comme un aimant, les étrangères attirent sur elles les pierres précieuses,

les manuscrits rares, les plus belles fleurs, et les mains des maris . . .
Et elles s'adorent elles-mêmes, car elles restent étrangères à elles-
mêmes . . . Voilà ce que je redoutais pour toi, cher époux, quand
j'étais harcelée par tous ces présages! Je craignais tous les noms
de saisons, de fruits, de plaisirs prononcés par un accent nouveau,
je craignais tous les actes de l'amour touchés d'un parfum ou
d'une hardiesse inconnus: je craignais une étrangère! . . . Or,
c'est la guerre qui vient, presque une amie. Je lui dois de ne pas
pleurer devant elle.

AMPHITRYON O Alcmène, femme chérie, sois satisfaite! Lorsque
je suis auprès de toi, tu es mon étrangère, et tout à l'heure, dans
la bataille, je te sentirai mon épouse. Attends-moi donc sans
crainte. Je serai bientôt revenu, et ce sera pour toujours. Une
guerre est toujours la dernière des guerres. Celle-ci est une
guerre entre voisins; elle sera brève. Nous vivrons heureux dans
notre palais, et quand l'extrême vieillesse sera là, j'obtiendrai
d'un dieu, pour la prolonger, qu'il nous change en arbres,
comme Philémon et Baucis.*

ALCMÈNE Cela t'amusera de changer de feuilles chaque année?

AMPHITRYON Nous choisirons des feuillages toujours verts, le
laurier me va bien.*

ALCMÈNE Et nous vieillirons, et l'on nous coupera, et l'on nous
brûlera?

AMPHITRYON Et les cendres de nos branches et de nos écorces se
mêleront!

ALCMÈNE Alors autant unir dès la fin de notre vie humaine les
cendres de nos chairs et de nos os!

On entend le pas des chevaux.

AMPHITRYON Cette fois, ce sont eux . . . Il faut partir.

ALCMÈNE Qui, eux? Ton ambition, ton orgueil de chef, ton goût
du carnage et de l'aventure?

AMPHITRYON Non, simplement Elaphocéphale et Hypsipila, mes chevaux.

ALCMÈNE Alors, pars! J'aime mieux te voir partir sur ces croupes débonnaires.

AMPHITRYON Tu ne me dis rien d'autre!

ALCMÈNE N'ai-je pas tout dit? Que font les autres épouses?

AMPHITRYON Elles affectent de plaisanter. Elles tendent votre bouclier en disant: – Reviens dessus ou dessous. Elles vous crient: – N'aie d'autre peur que de voir tomber le ciel sur ta tête! Ma femme serait-elle mal douée pour les mots sublimes?

ALCMÈNE J'en ai peur. Trouver une phrase qui irait moins à toi qu'à la postérité, j'en suis bien incapable. Tout ce que je peux te dire, ce sont ces paroles qui meurent doucement sur toi en te touchant: Amphitryon, je t'aime, Amphitryon, reviens vite!... D'ailleurs il n'y a plus beaucoup de place dans les phrases quand on a prononcé d'abord ton nom, il est si long...

AMPHITRYON Mets le nom à la fin. Adieu, Alcmène.

ALCMÈNE Amphitryon!

Elle reste un moment accoudée, pendant que le bruit des pas des chevaux s'éloigne; puis se retourne et veut aller vers la maison. Mercure déguisé en Sosie, l'aborde.

SCÈNE QUATRIÈME

Alcmène. Mercure en Sosie

MERCURE Alcmène, ma maîtresse.

ALCMÈNE Que veux-tu, Sosie?

MERCURE J'ai un message pour vous, de la part de mon maître.

ALCMÈNE Que dis-tu? Il est encore à portée de la voix.

MERCURE Justement. Personne ne doit entendre ... Mon maître me charge de vous dire, premièrement qu'il feint de partir avec l'armée, deuxièmement qu'il reviendra cette nuit même, dès qu'il aura donné ses ordres. L'état-major campe à quelques lieues à peine, la guerre semble devoir être bénigne, et tous les soirs Amphitryon fera ce voyage, qu'il faut tenir secret ...

ALCMÈNE Je ne te comprends pas, Sosie.

MERCURE Mon maître me charge de vous dire, princesse, qu'il feint de partir avec l'armée ...

ALCMÈNE Que tu es bête, Sosie. Comme tu sais peu ce que doit être le secret. Il faut feindre de l'ignorer ou de ne pas l'entendre, dès qu'on le connaît.

MERCURE Très bien, maîtresse.

ALCMÈNE D'ailleurs vraiment je n'ai pas compris un mot de ce que tu disais.

MERCURE Il faut veiller, princesse, et attendre mon maître, car il me charge de vous dire ...

ALCMÈNE Tais-toi, s'il te plaît, Sosie. Je vais dormir ...

Elle sort, Mercure fait signe à Jupiter et l'amène sur la scène.

SCÈNE CINQUIÈME

Jupiter en Amphitryon. Mercure en Sosie

MERCURE Vous les avez entendus, Jupiter?

JUPITER Comment, Jupiter? Je suis Amphitryon!

MERCURE Ne croyez pas m'y tromper, on devine le dieu à vingt pas.

JUPITER C'est la copie exacte de ses vêtements.

MERCURE Il s'agit bien de vêtements! D'ailleurs, sur le chapitre vêtements aussi, vous vous trompez: Regardez-les. Vous sortez des ronces, et ils n'ont aucune éraflure. Je cherche en vain sur eux cet élan vers l'usure et vers l'avachissement qu'ont les tissus des meilleures marques le jour où on les étrenne. Vous avez des vêtements éternels. Je suis sûr qu'ils sont imperméables, qu'ils ne déteignent pas, et que si une goutte d'huile tombe sur eux de la lampe, elle ne fera aucune tache. Ce sont là les vrais miracles pour une bonne ménagère comme Alcmène, et elle ne s'y trompera pas. Tournez-vous.

JUPITER Que je me tourne?

MERCURE Les hommes, comme les dieux, s'imaginent que les femmes ne les voient jamais que de face. Ils s'ornent de moustaches, de poitrines plastronnantes,* de pendentifs. Ils ignorent que les femmes feignent d'être éblouies par cette face étincelante, mais épient de toute leur sournoiserie le dos. C'est au dos de leurs amants, quand ceux-ci se lèvent ou se retirent, au dos qui ne sait pas mentir, affaissé, courbé, qu'elles devinent leur veulerie ou leur fatigue. Vous avez un dos plus avantageux qu'une poitrine! Il faut changer cela!

JUPITER Les dieux ne se tournent jamais. D'ailleurs, il fera nuit, Mercure.

MERCURE C'est à savoir. Il ne fera pas nuit si vous gardez ainsi sur vous-même le brillant de votre divinité. Jamais Alcmène ne reconnaîtrait son mari en ce ver luisant humain.

JUPITER Toutes mes autres maîtresses s'y sont trompées.

MERCURE Aucune, si vous voulez m'en croire. Avouez que vous-même n'étiez pas fâché de vous révéler à elles, par quelque exploit, ou par un de ces accès de lumière qui rendent votre corps translucide et épargnent les lampes à huile et leurs ennuis.

JUPITER Un dieu aussi peut se plaire à être aimé pour lui-même.

MERCURE Je crains qu'Alcmène ne vous refuse ce plaisir. Tenez-vous à la forme de son mari.

JUPITER Je m'y tiendrai d'abord, et je verrai ensuite. Car tu ne
saurais croire, cher Mercure, les surprises que réserve une femme
fidèle. Tu sais que j'aime exclusivement les femmes fidèles. Je
suis dieu aussi de la justice, et j'estimais qu'elles avaient droit à
cette compensation, et je dois te dire aussi qu'elles y comptaient.
Les femmes fidèles sont celles qui attendent du printemps, des
lectures, des parfums, des tremblements de terre, les révélations
que les autres demandent aux amants. En somme, elles sont
infidèles à leurs époux avec le monde entier, excepté avec les
hommes. Alcmène ne doit pas faire exception à cette règle. Je
remplirai d'abord l'office d'Amphitryon, de mon mieux, mais,
bientôt, par des questions habiles sur les fleurs, sur les animaux,
sur les éléments, j'arriverai à savoir lequel hante son imagination,
je prendrai sa forme ... et serai ainsi aimé pour moi-même ...
Mes vêtements vont, maintenant?

MERCURE C'est votre corps entier qui doit être sans défaut ...
Venez là, à la lumière, que je vous ajuste votre uniforme
d'homme ... Plus près, je vois mal.

JUPITER Mes yeux sont bien?

MERCURE Voyons vos yeux ... Trop brillants ... Ils ne sont qu'un
iris, sans cornée, pas de soupçon de glande lacrymale; – peut-
être allez-vous avoir à pleurer; – et les regards au lieu d'irradier
des nerfs optiques, vous arrivent d'un foyer extérieur à vous à
travers votre crâne ... Ne commandez pas au soleil vos regards
humains. La lumière des yeux terrestres correspond exactement
à l'obscurité complète dans notre ciel ... Même les assassins n'ont
là que deux veilleuses ... Vous ne preniez pas de prunelles, dans
vos précédentes aventures?

JUPITER Jamais, j'ai oublié ... Comme ceci, les prunelles?

MERCURE Non, non, pas de phosphore ... Changez ces yeux de
chat! On voit encore vos prunelles au travers de vos paupières
quand vous clignez ... On ne peut se voir dans ces yeux là ...
Mettez-leur un fond.

JUPITER L'aventurine ne ferait pas mal, avec ses reflets d'or.

MERCURE A la peau maintenant!

JUPITER A ma peau?

MERCURE Trop lisse, trop douce, votre peau . . . C'est de la peau d'enfant. Il faut une peau sur laquelle le vent ait trente ans soufflé, qui ait trente ans plongé dans l'air et dans la mer, bref qui ait son goût, car on la goûtera. Les autres femmes ne disaient rien, en constatant que la peau de Jupiter avait goût d'enfant?

JUPITER Leurs caresses n'en étaient pas plus maternelles.

MERCURE Cette peau-là ne ferait pas deux voyages . . . Et resserrez un peu votre sac humain, vous y flottez!

JUPITER C'est que cela me gêne . . . Voilà que je sens mon cœur battre, mes artères se gonfler, mes veines s'affaisser . . . Je me sens devenir un filtre, un sablier de sang . . . L'heure humaine bat en moi à me meurtrir. J'espère que mes pauvres hommes ne souffrent pas cela . . .

MERCURE Le jour de leur naissance et le jour de leur mort.

JUPITER Très désagréable, de se sentir naître et mourir à la fois.

MERCURE Ce ne l'est pas moins, par opération séparée.

JUPITER As-tu maintenant l'impression d'être devant un homme?

MERCURE Pas encore. Ce que je constate surtout, devant un homme, devant un corps vivant d'homme, c'est qu'il change à chaque seconde, qu'incessamment il vieillit. Jusque dans ses yeux, je vois la lumière vieillir.

JUPITER Essayons. Et pour m'y habituer, je me répète: je vais mourir, je vais mourir. . . .

MERCURE Oh! Oh! Un peu vite! Je vois vos cheveux pousser, vos ongles s'allonger, vos rides se creuser . . . Là, là, plus lentement, ménagez vos ventricules. Vous vivez en ce moment la vie d'un chien ou d'un chat.

JUPITER Comme cela?

MERCURE Les battements trop espacés maintenant. C'est le

rythme desp oissons ... Là ... là. Voilà ce galop moyen, cet amble,* auquel Amphitryon reconnaît ses chevaux et Alcmène le cœur de son mari ...

JUPITER Tes dernières recommandations?

MERCURE Et votre cerveau?

JUPITER Mon cerveau?

MERCURE Oui, votre cerveau ... Il convient d'y remplacer d'urgence les notions divines par les humaines ... Que pensez-vous? Que croyez-vous? Quelles sont vos vues de l'univers, maintenant que vous êtes homme?

JUPITER Mes vues de l'univers? Je crois que cette terre plate est toute plate, que l'eau est simplement de l'eau, que l'air est simplement de l'air, la nature la nature, et l'esprit l'esprit ... C'est tout?

MERCURE Avez-vous le désir de séparer vos cheveux par une raie et de les maintenir par un fixatif?

JUPITER En effet, je l'ai.

MERCURE Avez-vous l'idée que vous seul existez, que vous n'êtes sûr que de votre propre existence?

JUPITER Oui. C'est même très curieux d'être ainsi emprisonné en soi-même.

MERCURE Avez-vous l'idée que vous pourrez mourir un jour?

JUPITER Non. Que mes amis mourront, pauvres amis, hélas oui! Mais pas moi.

MERCURE Avez-vous oublié toutes celles que vous avez déjà aimées?

JUPITER Moi? Aimer? Je n'ai jamais aimé personne! Je n'ai jamais aimé qu'Alcmène.

MERCURE Très bien! Et ce ciel, qu'en pensez-vous?

JUPITER Ce ciel, je pense qu'il est à moi, et beaucoup plus depuis que je suis mortel que lorsque j'étais Jupiter! Et ce système solaire, je pense qu'il est bien petit, et la terre immense, et je me sens soudain plus beau qu'Apollon, plus brave et plus capable d'exploits amoureux que Mars, et pour la première fois, je me crois, je me vois, je me sens vraiment maître des dieux.

MERCURE Alors vous voilà vraiment homme!... Allez-y!

Mercure disparaît.

SCÈNE SIXIÈME

Alcmène à son balcon. Jupiter en Aphitryon

ALCMÈNE, *bien réveillée.* Qui frappe là? Qui me dérange, dans mon sommeil?

JUPITER Un inconnu que vous aurez plaisir à voir.

ALCMÈNE Je ne connais pas d'inconnus.

JUPITER Un général.

ALCMÈNE Que font les généraux à errer si tard sur les routes? Ils sont déserteurs? Ils sont vaincus?

JUPITER Ils sont vaincus par l'amour.

ALCMÈNE Voilà ce qu'ils risquent en s'attaquant à d'autres qu'à des généraux! Qui êtes-vous?

JUPITER Je suis ton amant.

ALCMÈNE C'est à Alcmène que vous parlez, non à sa chambrière. Je n'ai pas d'amant... Pourquoi ce rire?

JUPITER Tu n'as pas tout à l'heure ouvert avec angoisse la fenêtre, et regardé dans la nuit?

ALCMÈNE Je regardais la nuit, justement. Je peux te dire* comment elle est: douce et belle.

JUPITER Tu n'as pas, il y a peu de temps, d'un vase d'or, versé de l'eau glacée sur un guerrier étendu.

ALCMÈNE Ah! elle était glacée!... Tant mieux... C'est bien possible....

JUPITER Tu n'as pas, devant le portrait d'un homme, murmuré:
Ah! si je pouvais, tant qu'il sera absent, perdre la mémoire!

ALCMÈNE Je ne m'en souviens pas. Peut-être. . . .

JUPITER Tu ne sens pas, sous ces jeunes étoiles, ton corps s'épa-
nouir et ton cœur se serrer, en pensant à un homme, qui est
peut-être d'ailleurs, je l'avoue, très stupide et très laid?

ALCMÈNE Il est très beau, et trop spirituel. Et en effet, j'ai du miel
dans la bouche quand je parle de lui. Et je me souviens du vase
d'or. Et c'était lui que je voyais dans les ténèbres. Et qu'est-ce
que cela prouve?

JUPITER Que tu as un amant. Et il est là.

ALCMÈNE J'ai un époux, et il est absent. Et personne ne pénétrera
dans ma chambre que mon époux. Et lui-même, s'il déguise ce
nom, je ne le reçois pas.

JUPITER Jusqu'au ciel se déguise, à l'heure où nous sommes.

ALCMÈNE Homme peu perspicace, si tu crois que la nuit est le
jour masqué, la lune un faux soleil, si tu crois que l'amour d'une
épouse peut se déguiser en amour du plaisir.

JUPITER L'amour d'une épouse ressemble au devoir. Le devoir à
la contrainte. La contrainte tue le désir.

ALCMÈNE Tu dis? Quel nom as-tu prononcé là?

JUPITER Celui d'un demi-dieu, celui du désir.

ALCMÈNE Nous n'aimons ici que les dieux complets. Nous
laissons les demi-dieux aux demi-jeunes filles et aux demi-
épouses.

JUPITER Te voilà impie, maintenant?

ALCMÈNE Je le suis parfois plus encore, car je me réjouis qu'il n'y
ait pas dans l'Olympe un dieu de l'amour conjugal. Je me
réjouis d'être une créature que les dieux n'ont pas prévue. . . .
Au-dessus de cette joie, je ne sens pas un dieu qui plane, mais un
ciel libre. Si donc tu es un amant, j'en suis désolée, mais va-t-en…
Tu as l'air beau et bien fait pourtant, ta voix est douce. Que
j'aimerais cette voix si c'était l'appel de la fidélité et non celui du

28

désir! Que j'aimerais m'étendre en ces bras, s'ils n'étaient pas
un piège qui se refermera brutalement sur une proie! Ta bouche
aussi me semble fraîche et ardente. Mais elle ne me convaincra
pas. Je n'ouvrirai pas ma porte à un amant. Qui es-tu?

JUPITER Pourquoi ne veux-tu pas d'amant?

ALCMÈNE Parce que l'amant est toujours plus près de l'amour que
de l'aimée. Parce que je ne supporte ma joie que sans limites,
mon plaisir que sans réticence, mon abandon que sans bornes.
Parce que je ne veux pas d'esclave et que je ne veux pas de
maître. Parce qu'il est mal élevé de tromper son mari, fût-ce
avec lui-même. Parce que j'aime les fenêtres ouvertes et les draps
frais.

JUPITER Pour une femme, tu sais vraiment les raisons de tes
goûts. Je te félicite! Ouvre-moi!

ALCMÈNE Si tu n'es pas celui près de qui je m'éveille le matin et
que je laisse dormir dix minutes encore, d'un sommeil pris sur
la frange de ma journée, et dont mes regards purifient le visage
avant le soleil et l'eau pure; si tu n'es pas celui dont je reconnais
à la longueur et au son de ses pas s'il se rase ou s'habille, s'il pense
ou s'il a la tête vide, celui avec lequel je déjeune, je dîne et je
soupe, celui dont le souffle, quoi que je fasse, précède toujours
mon souffle d'un millième de seconde; si tu n'es pas celui que je
laisse chaque soir endormir dix minutes avant moi, d'un sommeil
volé au plus vif de ma vie, afin qu'au moment même où il
pénètre dans les rêves je sente son corps bien chaud et vivant, qui
que tu sois, je ne t'ouvrirai point! Qui es-tu?

JUPITER Il faut bien me résigner à le dire. Je suis ton époux.

ALCMÈNE Comment, c'est toi, Amphitryon!* Et tu n'as pas
réfléchi, en revenant ainsi, combien ta conduite était imprudente?

JUPITER Personne au camp ne la soupçonne.

ALCMÈNE Il s'agit bien du camp! Ne sais-tu pas à quoi un mari
s'expose quand il apparaît à l'improviste, après avoir annoncé
son voyage?

JUPITER Ne plaisante pas.

ALCMÈNE Tu ne sais pas que c'est l'heure où les bonnes épouses reçoivent dans leurs bras moites leur petit ami, pantelant de gloire et de peur?

JUPITER Tes bras sont vides, et plus frais que la lune.

ALCMÈNE Je lui ai donné le temps de fuir, par notre bavardage. Il est présentement sur la route de Thèbes, maugréant et jurant, car il a pris sa tunique déroulée dans ses jambes nues.

JUPITER Ouvre à ton époux...

ALCMÈNE Alors tu penses entrer ainsi, parce que tu es mon époux? As-tu des cadeaux? As-tu des bijoux?

JUPITER Tu te vendrais, pour des bijoux?

ALCMÈNE A mon mari? Avec délices! Mais tu n'en as pas.

JUPITER Je vois qu'il faut que je reparte.

ALCMÈNE Reste! Reste!... A une condition pourtant, Amphitryon, une condition expresse.

JUPITER Et que veux-tu?

ALCMÈNE Que nous prononcions, devant la nuit, les serments que nous n'avons jamais faits que de jour. Depuis longtemps j'attendais cette occasion. Je ne veux pas que ce beau mobilier des ténèbres, astres, brise, noctuelles, s'imagine que je reçois ce soir un amant. Célébrons notre mariage nocturne, à l'heure où se consomment tant de fausses noces... Commence...

JUPITER Prononcer des serments sans prêtres, sans autels, sur le vide de la nuit, à quoi bon!

ALCMÈNE C'est sur les vitres qu'on grave les mots ineffaçables. Lève le bras.

JUPITER Si tu savais comme les humains paraissent pitoyables aux dieux, Alcmène, à déclamer leurs serments et brandir ces foudres sans tonnerre!

ALCMÈNE S'ils font de beaux éclairs de chaleur, c'est tout ce qu'ils demandent. Lève la main, et l'index plié.

JUPITER Avec l'index plié! Mais c'est le serment le plus terrible, et celui par lequel Jupiter évoque les fléaux de la terre.

ALCMÈNE Plie ton index, ou pars.

JUPITER Il faut donc que je t'obéisse. (*Il lève le bras.*) Contenez-vous poix célestes*! Sauterelles et cancers, au temps*! C'est cette enragée de petite Alcmène* qui me contraint à ce geste.

ALCMÈNE Je t'écoute.

JUPITER Moi, Amphitryon, fils et petit-fils des généraux passés, père et aïeul des généraux futurs, agrafe indispensable dans la ceinture de la guerre et de la gloire!

ALCMÈNE Moi, Alcmène, dont les parents sont disparus, dont les enfants ne sont pas nés, pauvre maillon présentement isolé de la chaîne humaine!

JUPITER Je jure de faire en sorte que la douceur du nom d'Alcmène survive aussi longtemps que le fracas du mien!

ALCMÈNE Je jure d'être fidèle à Amphitryon, mon mari, ou de mourir!

JUPITER De quoi?

ALCMÈNE De mourir.

JUPITER Pourquoi appeler la mort où elle n'a que faire! Je t'en supplie. Ne dis pas ce mot. Il a tant de synonymes, même heureux. Ne dis pas mourir!

ALCMÈNE C'est dit. Et maintenant, cher mari, trève de paroles. La cérémonie est finie et je t'autorise à monter. . . . Que tu as été peu simple, ce soir! Je t'attendais, la porte était ouverte. Tu avais juste à la pousser . . . Qu'as-tu, tu hésites? Tu veux peut-être que je t'appelle amant? Jamais, te dis-je!

JUPITER Il faut vraiment que j'entre, Alcmène? Vraiment, tu le désires?

ALCMÈNE Je l'ordonne, cher amour!

RIDEAU

Acte Deuxième

Obscurité complète. Mercure, seul, rayonnant à demi étendu sur le devant de la scène

MERCURE Ainsi posté devant la chambre d'Alcmène, j'ai perçu un doux silence, une douce résistance, une douce lutte; Alcmène porte en soi maintenant le jeune demi-dieu. Mais auprès d'aucune autre maîtresse Jupiter ne s'est ainsi attardé . . . Je ne sais si cette ombre vous paraît lourde, pour moi la mission de prolonger la nuit* en ces lieux commence à me peser, si je pense surtout que le monde entier baigne déjà dans la lumière . . . Nous sommes au cœur de l'été, et il est sept heures du matin. La grande inondation du jour s'étale, profonde de milliers de lieues, jusque sur la mer, et seul entre les cubes* submergés de rose, le palais reste un cône noir . . . Il est vraiment l'heure de réveiller mon maître, car il déteste être pressé dans son départ, et sûrement il tiendra, comme avec toutes ses amies, dans les propos de saut de lit,* à révéler à Alcmène qu'il est Jupiter, pour jouir de sa surprise, et de sa fierté. J'ai d'ailleurs suggéré à Amphitryon de venir surprendre sa femme à l'aurore, de façon qu'il soit le premier témoin et le garant de l'aventure. C'est une prévenance qu'on lui doit et j'éviterai ainsi toute équivoque. A cette heure notre général se met secrètement en route, au galop de son cheval, et il sera avant une heure au palais. Montre-moi donc tes rayons, soleil, que je

32

choisisse celui qui embrasera ces ténèbres ... (*Le soleil échantil-
lonne un à un ses rayons.*) Pas celui-là! Rien de sinistre comme la
lumière verte sur les amants qui s'éveillent. Chacun croit tenir
un noyé en ses bras. Pas celui-là! Le violet et le pourpre sont les
couleurs qui irritent les sens. Gardons-les pour ce soir. Voilà,
voilà le bon, le safran! Rien ne relève comme lui la fadeur de la
peau humaine ... Vas-y, soleil!

La chambre d'Alcmène apparaît dans une lumière de plein soleil.

SCÈNE DEUXIÈME

Alcmène déjà debout. Jupiter étendu sur la couche et dormant

ALCMÈNE Lève-toi, chéri. Le soleil est haut.

JUPITER Où suis-je?

ALCMÈNE Où ne se croient jamais les maris au réveil: simplement
dans ta maison, dans ton lit, et près de ta femme.

JUPITER Le nom de cette femme?

ALCMÈNE Son nom du jour est le même que son nom de la nuit,
toujours Alcmène.

JUPITER Alcmène, la grande femme blonde, grasse à point,* qui
se tait dans l'amour?

ALCMÈNE Oui, et qui bavarde dès l'aube, et qui va maintenant te
mettre à la porte, tout mari que tu es.

JUPITER Qu'elle se taise, et revienne dans mes bras!

ALCMÈNE N'y compte pas. Les femmes grasses à point ressem-
blent cependant aux rêves, on ne les étreint que la nuit.

JUPITER Ferme les yeux et profitons de ces ténèbres.

ALCMÈNE Non, non, ma nuit n'est pas la nuit. Lève-toi, ou
j'appelle.

33

Jupiter se redresse, contemple le paysage qui étincelle devant les fenêtres.

JUPITER Quelle nuit divine !

ALCMÈNE Tu es faible, ce matin, dans tes épithètes, chéri.

JUPITER Je dis divine !

ALCMÈNE Que tu dises un repas divin, une pièce de bœuf divine, soit, tu n'es pas forcé d'avoir sans cesse de l'invention. Mais, pour cette nuit, tu aurais pu trouver mieux.

JUPITER Qu'aurais-je pu trouver de mieux ?

ALCMÈNE A peu près tous les adjectifs, à part ton mot divin, vraiment hors d'usage. Le mot parfait, le mot charmant. Le mot agréable surtout, qui dit bien des choses de cet ordre : quelle nuit agréable !

JUPITER Alors la plus agréable de toutes nos nuits, n'est-ce pas, de beaucoup ?

ALCMÈNE C'est à savoir.*

JUPITER Comment, c'est à savoir ?

ALCMÈNE As-tu oublié, cher mari, notre nuit de noces, le faible fardeau que j'étais dans tes bras, et cette trouvaille que nous fîmes de nos deux cœurs au milieu des ténèbres qui nous enveloppaient pour la première fois ensemble dans leur ombre ? Voilà notre plus belle nuit.

JUPITER Notre plus belle nuit, soit. Mais la plus agréable, c'est bien celle-ci.

ALCMÈNE Crois-tu ? Et la nuit où un grand incendie se déclara dans Thèbes, d'où tu revins dans l'aurore, doré par elle, et tout chaud comme un pain. Voilà notre nuit la plus agréable, et pas une autre !

JUPITER Alors, la plus étonnante, si tu veux ?

ALCMÈNE Pourquoi étonnante ? Oui, celle d'avant-hier, quand tu sauvas de la mer cet enfant que le courant déportait, et que tu revins, luisant de varech et de lune, tout salé par les dieux et me sauvant toute la nuit à bras le corps* dans ton sommeil . . . Cela était assez étonnant ! . . . Non, si je voulais donner un adjectif à cette nuit, mon chéri, je dirais qu'elle fut conjugale. Il y avait en elle une sécurité qui m'égayait. Jamais je n'avais été aussi certaine de te retrouver au matin bien rose, bien vivant, avide de ton petit déjeuner et il me manquait cette appréhension divine, que je ressens pourtant toutes les fois, de te voir à chaque minute mourir dans mes bras.

JUPITER Je vois que les femmes aussi emploient le mot divine ? . . .

ALCMÈNE Après le mot appréhension, toujours.

Un silence.

JUPITER Quelle belle chambre !

ALCMÈNE Tu l'apprécies surtout le matin où tu y es en fraude.

JUPITÈR Comme les hommes sont habiles ! Par ce système de pierres transparentes et de fenêtres, ils arrivent, sur une planète relativement si peu éclairée, à voir plus clair dans leurs maisons qu'aucun être au monde.

ALCMÈNE Tu n'es pas modeste, chéri. C'est toi qui l'as inventé.*

JUPITER Et quel beau paysage !

ALCMÈNE Celui-là tu peux le louer, il n'est pas de toi.

JUPITER Et de qui est-il ?

ALCMÈNE Du maître des Dieux.

JUPITER On peut savoir son nom ?

ALCMÈNE Jupiter.

JUPITER Comme tu prononces bien les noms des dieux ! Qui t'a appris à les mâcher ainsi des lèvres comme une nourriture divine ? On dirait une brebis qui a cueilli le cytise et, la tête haute, le broute. Mais c'est le cytise qui est parfumé par ta bouche. Répète. On dit que les dieux ainsi appelés répondent quelquefois par leur présence même.

ALCMÈNE Neptune ! Apollon !

E   35

JUPITER Non, le premier, répète!

ALCMÈNE Laisse-moi brouter tout l'Olympe . . . D'ailleurs j'aime surtout prononcer les noms des dieux par couples: Mars et Vénus. Jupiter et Junon . . . Alors je les vois défiler sur la crête des nuages, éternellement, se tenant par la main . . . Cela doit être superbe!

JUPITER Et d'une gaîté . . . Alors tu trouves beau, cet ouvrage de Jupiter, ces falaises, ces rocs?

ALCMÈNE Très beau. Seulement l'a-t-il fait exprès?

JUPITER Tu dis!

ALCMÈNE Toi tu fais tout exprès, chéri, soit que tu entes tes cerisiers sur tes prunes, soit que tu imagines un sabre à deux tranchants. Mais crois-tu que Jupiter ait su vraiment, le jour de la création, ce qu'il allait faire?

JUPITER On l'assure.

ALCMÈNE Il a créé la terre. Mais la beauté de la terre se créé elle-même, à chaque minute. Ce qu'il y a de prodigieux en elle, c'est qu'elle est éphémère: Jupiter est trop sérieux pour avoir voulu créer de l'éphémère.

JUPITER Peut-être te représentes-tu mal la création.

ALCMÈNE Aussi mal, sans doute, que la fin du monde. Je suis à égale distance de l'une et de l'autre et je n'ai pas plus de mémoire que de prévision. Tu te la représentes, toi, chéri?

JUPITER Je la vois . . . Au début, régnait le chaos . . . L'idée vraiment géniale de Jupiter, c'est d'avoir pensé à le dissocier en quatre éléments.

ALCMÈNE Nous n'avons que quatre éléments?

JUPITER Quatre, et le premier est l'eau, et ce ne fut pas le plus simple à créer, je te prie de le croire! Cela semble naturel, à première vue, l'eau. Mais imaginer de créer l'eau, avoir l'idée de l'eau, c'est autre chose!

ALCMÈNE Que pleuraient les déesses, à cette époque, du bronze?

JUPITER Ne m'interromps pas. Je tiens à bien te montrer ce

qu'était Jupiter. Il peut t'apparaître tout d'un coup. Tu n'aimerais
pas qu'il t'expliquât cela lui-même, dans sa grandeur?

ALCMÈNE Il a dû l'expliquer trop souvent. Tu y mettras plus de
fantaisie.

JUPITER Où en étais-je?

ALCMÈNE Nous avions presque fini, au chaos originel . . .

JUPITER Ah oui! Jupiter eut soudain l'idée d'une force élastique
et incompressible, qui comblerait les vides, et amortirait tous
les chocs d'une atmosphère encore mal réglée.

ALCMÈNE L'idée de l'écume, elle est de lui?

JUPITER Non, mais l'eau une fois née, il lui vint à l'esprit de la
border par des rives, irrégulières, pour briser les tempêtes, et de
semer sur elle, afin que l'œil des dieux ne fut pas toujours agacé
par un horizon miroitant, des continents, solubles ou rocailleux.
La terre était créée, et ses merveilles . . .

ALCMÈNE Et les pins?

JUPITER Les pins?

ALCMÈNE Les pins parasols, les pins cèdres, les pins cyprès, toutes
ces masses vertes ou bleues sans lesquelles un paysage n'existe pas
. . . et l'écho?

JUPITER L'écho?

ALCMÈNE Tu réponds comme lui. Et les couleurs, c'est lui qui a
créé les couleurs?

JUPITER Les sept couleurs de l'arc-en-ciel, c'est lui.

ALCMÈNE Je parle du mordoré, du pourpre, du vert lézard, mes
préferées.

JUPITER Il a laissé ce soin aux teinturiers. Mais, recourant aux
vibrations diverses de l'éther, il a fait que par les chocs de doubles
chocs molléculaires, ainsi que par les contreréfractions des
réfractions originelles, se tendissent à travers l'univers mille
réseaux différents de son ou de couleur, perceptibles ou non
(après tout il s'en moque!) aux organes humains.

ALCMÈNE C'est exactement ce que je disais.

JUPITER Que disais-tu?

ALCMÈNE Qu'il n'a rien fait! Que nous plonger dans un terrible assemblage de stupeurs et d'illusions, où nous devons nous tirer seuls d'affaires, moi et mon cher mari.

JUPITER Tu es impie, Alcmène, sache que les dieux t'entendent!

ALCMÈNE L'acoustique n'est pas la même pour les dieux que pour nous. Le bruit de mon cœur couvre sûrement pour des êtres suprêmes celui de mon bavardage, puisque c'est celui d'un cœur simple et droit. D'ailleurs pourquoi m'en voudraient-ils? Je n'ai pas à nourrir de reconnaissance spéciale à Jupiter sous le prétexte qu'il a créé quatre éléments au lieu des vingt qu'il nous faudrait, puisque de toute éternité c'etait son rôle, tandis que mon cœur peut déborder de gratitude envers Amphitryon, mon cher mari, qui a trouvé le moyen, entre ses batailles, de créer un système de poulies pour fenêtres et d'inventer une nouvelle greffe pour les vergers. Tu as modifié pour moi le goût d'une cerise, le calibre d'un rayon: c'est toi mon créateur. Qu'as-tu à me regarder, de cet œil? Les compliments te déçoivent toujours. Tu n'es orgueilleux que pour moi. Tu me trouves trop terrestre, dis?

JUPITER, *se levant, très solennel.* Tu n'aimerais pas l'être moins?

ALCMÈNE Cela m'éloignerait de toi.

JUPITER Tu n'as jamais désiré être déesse, ou presque déesse?

ALCMÈNE Certes non. Pourquoi faire?

JUPITER Pour être honorée et révérée de tous.

ALCMÈNE Je le suis comme simple femme, c'est plus méritoire.

JUPITER Pour être d'une chair plus légère, pour marcher sur les airs, sur les eaux.

ALCMÈNE C'est ce que fait toute épouse, alourdie d'un bon mari.

JUPITER Pour comprendre les raisons des choses, des autres mondes.

ALCMÈNE Les voisins ne m'ont jamais intéressée.

JUPITER Alors, pour être immortelle!

ALCMÈNE Immortelle? A quoi bon? A quoi cela sert-il?

JUPITER Comment, à quoi! Mais à ne pas mourir!

ALCMÈNE Et que ferai-je, si je ne meurs pas?

JUPITER Tu vivras éternellement, chère Alcmène, changée en astre; tu scintilleras dans la nuit jusqu'à la fin du monde.

ALCMÈNE Qui aura lieu?

JUPITER Jamais.

ALCMÈNE Charmante soirée! Et toi, que feras-tu?

JUPITER Ombre sans voix, fondue dans les brumes de l'enfer, je me réjouirai de penser que mon épouse flamboie là-haut, dans l'air sec.

ALCMÈNE Tu préfères d'habitude les plaisirs mieux partagés ... Non, chéri, que les dieux ne comptent pas sur moi pour cet office ... L'air de la nuit ne vaut d'ailleurs rien à mon teint de blonde ... Ce que je serais crevassée,* au fond de l'éternité!

JUPITER Mais que tu seras froide et vaine, au fond de la mort!

ALCMÈNE Je ne crains pas la mort. C'est l'enjeu de la vie.* Puisque ton Jupiter, à tort ou à raison, a créé la mort sur la terre, je me solidarise avec mon astre. Je sens trop mes fibres continuer celles des autres hommes, des animaux, même des plantes, pour ne pas suivre leur sort. Ne me parle pas de ne pas mourir tant qu'il n'y aura pas un légume immortel. Devenir immortel, c'est trahir, pour un humain. D'ailleurs, si je pense au grand repos que donnera la mort à toutes nos petites fatigues, à nos ennuis de second ordre, je lui suis reconnaissante de sa plénitude, de son abondance même ... S'être impatienté soixante ans pour des vêtements mal teints, des repas mal réussis, et avoir enfin la mort, la constante, l'étale mort,* c'est une récompense hors de toute proportion ... Pourquoi me regardes-tu soudain de cet air respectueux?

JUPITER C'est que tu es le premier être vraiment humain que je rencontre ...

39

ALCMÈNE C'est ma spécialité, parmi les hommes; tu ne crois pas si bien dire. De tous ceux que je connais je suis en effet celle qui approuve et aime le mieux son destin. Il n'est pas une péripétie de la vie humaine que je n'admette, de la naissance à la mort, j'y comprends même les repas de famille. J'ai des sens mesurés, et qui ne s'égarent pas. Je suis sûre que je suis la seule humaine qui voie à leur vraie taille les fruits, les araignées, et goûte les joies à leur vrai goût. Et il en est de même de mon intelligence. Je ne sens pas en elle cette part de jeu ou d'erreur, qui provoque, sous l'effet du vin, de l'amour, ou d'un beau voyage, le désir de l'éternité.

JUPITER Mais tu n'amerais pas avoir un fils moins humain que toi, un fils immortel?

ALCMÈNE Il est humain de désirer un fils immortel.

JUPITER Un fils qui deviendrait le plus grand des héros, qui, dès sa petite enfance, s'attaquerait à des lions, à des monstres?*

ALCMÈNE Dès sa petite enfance! Il aura dans sa petite enfance une tortue et un barbet.

JUPITER Qui tuerait des serpents énormes, venus pour l'étrangler dans son berceau?*

ALCMÈNE Il ne serait jamais seul. Ces aventures n'arrivent qu'aux fils des femmes de ménage . . .* Non, je le veux faible, gémissant doucement, et qui ait peur des mouches . . . Qu'as-tu, à t'agiter ainsi?

JUPITER Parlons sérieusement, Alcmène. Est-il vrai que tu préférerais te tuer, plutôt que d'être infidèle à ton mari?

ALCMÈNE Tu n'es pas gentil d'en douter!

JUPITER C'est très dangereux de se tuer!

ALCMÈNE Pas pour moi, et je t'assure, mari chéri, qu'il n'y aura rien de tragique dans ma mort. Qui sait? Elle aura peut-être lieu ce soir, en ce lieu même, si tout à l'heure le dieu de la guerre t'atteint, ou pour toute autre raison; mais je veillerai à ce que les spectateurs emportent de son spectacle, au lieu d'un cauchemar, une sérénité. Il y a sûrement une façon, pour les cadavres, de sourire ou de croiser les mains qui arrange tout.

JUPITER Mais tu pourrais entraîner dans la mort un fils conçu de la veille, à demi-vivant!

ALCMÈNE Ce ne serait pour lui qu'une demi-mort. Il y gagnerait sur son lot futur.

JUPITER Et tu parles de tout cela si simplement, si posément, sans y avoir réfléchi?

ALCMÈNE Sans y avoir réfléchi? On se demande parfois à quoi pensent ces jeunes femmes toujours riantes, gaies, et grasses à point, comme tu l'assures. Au moyen de mourir sans histoire et sans drame, si leur amour est humilié ou déçu . . .

JUPITER, *il se lève majestueusement.* Ecoutez bien, chère Alcmène. Vous êtes pieuse et je vois que vous pouvez comprendre les mystères du monde. Il faut que je vous parle . . .

ALCMÈNE Non, non, Amphitryon chéri! Voilà que tu me dis vous.* Je sais trop à quoi mène ce vous solennel. C'est ta façon d'être tendre. Elle m'intimide. Tâche plutôt, la fois prochaine, de trouver un tutoiement à l'intérieur du tutoiement lui-même.

JUPITER Ne plaisantez pas. J'ai à vous parler des dieux.

ALCMÈNE Des dieux!

JUPITER Il est temps que je vous rende clairs leurs rapports avec les hommes, les hypothèques imprescriptibles* qu'ils ont sur les habitants de la terre et leurs épouses.

ALCMÈNE Tu deviens fou! Tu vas parler des dieux au seul moment du jour où les humains, ivres de soleil, lancés vers le labour ou la pêche, ne sont plus qu'à l'humanité. D'ailleurs l'armée t'attend. Il te reste juste quelques heures si tu veux tuer des ennemis à jeun. Pars, chéri, pour me retrouver plus vite; et d'ailleurs la maison m'appelle, mon mari. J'ai ma visite d'intendante à faire . . . Si vous restez,* cher Monsieur, j'aurai à vous parler aussi de façon solennelle, non des dieux, mais de mes bonnes. Je crois bien qu'il va falloir nous séparer de Nenetza. Outre sa manie de ne nettoyer dans les mosaïques que les carreaux de couleur noire, elle a cédé, comme vous le dites, aux dieux, et elle est enceinte.

JUPITER Alcmène! chère Alcmène! Les dieux apparaissent à l'heure précise où nous les attendons le moins.

ALCMÈNE Amphitryon, cher mari! Les femmes disparaissent à la seconde où nous croyons les tenir!

JUPITER Leur colère est terrible. Ils n'acceptent ni les ordres ni la moquerie!

ALCMÈNE Mais toi tu acceptes tout, chéri, et c'est pour cela que je t'aime ... Même un baiser de loin, à la main! ... A ce soir ... Adieu ...

Elle sort. Mercure entre.

SCÈNE TROISIÈME

Jupiter. Mercure

MERCURE Que se passe-t-il, Jupiter? Je m'attendais à vous voir sortir de cette chambre dans votre gloire, comme des autres chambres, et c'est Alcmène qui s'évade, vous sermonnant, et nullement troublée?

JUPITER On ne saurait prétendre qu'elle le soit.

MERCURE Que veut dire ce pli vertical entre vos yeux? C'est un stigmate de tonnerre? C'est l'annonce d'une menace que vous nourrissez contre l'humanité?

JUPITER Ce pli? ... C'est une ride.

MERCURE Jupiter ne peut avoir de rides; celle-là vous reste du corps d'Amphitryon.

JUPITER Non, non, cette ride m'appartient et je sais maintenant d'où les hommes les tirent, ces rides qui nous intriguaient tous, de l'innocence et du plaisir.

MERCURE Mais vous semblez las, Jupiter, vous êtes voûté.

JUPITER Cela est lourd à porter, une ride !

MERCURE Eprouveriez-vous enfin ce célèbre délabrement que donne aux hommes l'amour?

JUPITER Je crois que j'éprouve l'amour.

MERCURE Vous êtes connu pour l'éprouver souvent !

JUPITER Pour la première fois, j'ai tenu dans mes bras une créature humaine sans la voir, et d'ailleurs sans l'entendre . . . Aussi, je l'ai comprise.

MERCURE Que pensiez-vous?

JUPITER Que j'étais Amphitryon. C'est Alcmène qui avait remporté sur moi la victoire. Du coucher au réveil, je n'ai pu être avec elle un autre que son mari. Tout à l'heure, j'ai eu l'occasion de lui expliquer la création. Je n'ai trouvé qu'un langage de pédagogue, alors que devant toi tout mon langage divin afflue. Veux-tu que je te l'explique, tiens, la création?

MERCURE Que vous la refassiez, à la rigueur, j'accepte. Mais je n'irai que jusque-là.

JUPITER Mercure, l'humanité n'est pas ce que pensent les dieux ! Nous croyons que les hommes sont une dérision de notre nature. Le spectacle de leur orgueil est si réjouissant, que nous leur avons fait croire qu'un conflit sévit entre les dieux et eux-mêmes. Nous avons pris une énorme peine à leur imposer l'usage du feu, pour qu'ils croient nous l'avoir volé;* à dessiner sur leur ingrate matière cérébrale des volutes compliquées pour qu'ils inventent le tissage, la roue dentée,* l'huile d'olive, et s'imaginent avoir conquis sur nous ces otages . . . Or, ce conflit existe, et j'en suis aujourd'hui la victime.

MERCURE Vous vous exagérez le pouvoir d'Alcmène.

JUPITER Je n'exagère pas. Alcmène, la tendre Alcmène, possède une nature plus irréductible à nos lois que le roc. C'est elle le vrai Prométhée.

MERCURE Elle manque simplement d'imagination. C'est l'imagination qui illumine pour notre jeu le cerveau des hommes.

JUPITER Alcmène n'illumine pas. Elle n'est sensible ni à l'éclat, ni
à l'apparence. Elle n'a pas d'imagination, et peut-être pas beaucoup plus d'intelligence. Mais il y a justement en elle quelque
chose d'inattaquable et de borné qui doit être l'infini humain. Sa
vie est un prisme où le patrimoine commun aux dieux et aux
hommes, courage, amour, passion, se mue en qualités proprement humaines, constance, douceur, dévouement, sur lesquelles
meurt notre pouvoir. Elle est la seule femme que je supporterais
habillée, voilée; dont l'absence égale exactement la présence;
dont les occupations me paraissent aussi attirantes que les plaisirs.
Déjeuner en face d'elle, je parle même du petit déjeuner, lui
tendre le sel, le miel, les épices, dont son sang et sa chaleur
s'alimentent, heurter sa main! fût-ce de sa cuiller ou de son
assiette, voilà à quoi je pense maintenant! Je l'aime, en un
mot, et je peux bien te le dire, Mercure, son fils sera mon fils
préféré.

MERCURE C'est ce que l'univers sait déjà.

JUPITER L'univers! Je pense que personne ne sait rien encore de
cette aventure?

MERCURE Tout ce qui dans ce monde est doté d'oreilles sait que
Jupiter honore aujourd'hui de sa visite Alcmène. Tout ce qui
possède une langue s'occupe à le répéter. J'ai tout annoncé au
lever du soleil.

JUPITER Tu m'as trahi! Pauvre Alcmène!

MERCURE J'ai agi comme pour vos autres maîtresses, et ce serait
le premier de vos amours qui resterait un secret. Vous n'avez pas
le droit de dissimuler aucune de vos générosités amoureuses.

JUPITER Qu'as-tu annoncé? Que j'avais pris hier soir la forme
d'Amphitryon?

MERCURE Certes non. Cette ruse peu divine pourrait être mal
interprétée. Comme votre désir de passer une seconde nuit dans

les bras d'Alcmène éclatait à travers toutes les murailles, j'ai annoncé qu'elle recevrait ce soir la visite de Jupiter.

JUPITER Et à qui l'as-tu annoncé?

MERCURE Aux airs, d'abord, aux eaux, comme je le dois. Ecoutez: les ondes sèches ou humides ne parlent que de cela dans leur langage.

JUPITER C'est tout?

MERCURE Et à une vieille femme qui passait au pied du palais.

JUPITER La concierge sourde? Nous sommes perdus!

MERCURE Pourquoi ces mots humains, Jupiter? Vous parlez comme un amant. Alcmène a-t-elle exigé le silence jusqu'à la minute où vous la raviriez à cette terre?

JUPITER C'est là mon malheur! Alcmène ne sait rien. Cent fois au cours de cette nuit j'ai cherché à lui faire entendre qui j'étais. Cent fois elle a changé, par une phrase humble ou charmante, la vérité divine en vérité humaine.

MERCURE Elle n'as pas eu de soupçons?

JUPITER A aucun moment, et je ne supporte pas l'idée qu'elle puisse en avoir . . . Quels sont ces bruits?

MERCURE Ma femme sourde a rempli son office. C'est Thèbes qui se prépare à fêter votre union avec Alcmène . . . Une procession s'organise, et semble monter au palais . . .

JUPITER Qu'elle n'y parvienne point! Détourne-là vers la mer, qui l'engloutira.

MERCURE Impossible, ce sont vos prêtres.

JUPITER Ils n'auront jamais assez de raisons de croire en moi.

MERCURE Vous ne pouvez rien contre les lois que vous-même avez prescrites. Tout l'univers sait que Jupiter fera aujourd'hui un fils à Alcmène. Il n'est pas mauvais qu'Alcmène en soit elle aussi informée.

JUPITER Alcmène ne supportera pas cela.

MERCURE Qu'Alcmène en souffre donc! La cause en vaut la peine.

JUPITER Elle ne souffrira pas. Je n'ai aucun doute à ce sujet, elle se tuera. Et mon fils Hercule mourra du même coup . . . Et je serai obligé à nouveau, comme pour toi, de m'ouvrir la cuisse* ou le gras du mollet pour y abriter quelques mois un fœtus. Merci bien! La procession monte?

MERCURE Lentement, mais sûrement.

JUPITER Pour la première fois, Mercure, j'ai l'impression qu'un honnête dieu peut être un malhonnête homme . . . Quels sont ces chants?

MERCURE Ce sont les vierges transportées par la nouvelle, qui viennent en théorie* féliciter Alcmène.

JUPITER Tu ne crois vraiment pas nécessaire d'engloutir ces prêtres, de frapper ces vierges d'insolation matinale?

MERCURE Mais enfin que désirez-vous?

JUPITER Ce que désire un homme, hélas! Mille désirs contraires. Qu'Alcmène reste fidèle à son mari et qu'elle se donne à moi avec ravissement. Qu'elle soit chaste sous mes caresses et que des désirs interdits la brûlent à ma seule vue . . . Qu'elle ignore toute cette intrigue, et qu'elle l'approuve entièrement.

MERCURE Je m'y perds . . . Moi, j'ai rempli ma tâche. L'univers sait, comme il était prescrit, que vous coucherez ce soir dans le lit d'Alcmène . . . Puis-je faire autre chose pour vous?

JUPITER Oui. Que j'y couche vraiment!

MERCURE Et avec ce fameux consentement dont vous parliez hier, sans doute?

JUPITER Oui, Mercure, Il ne s'agit plus d'Hercule. L'affaire Hercule est close heureusement. Il s'agit de moi. Il faut que tu voies Alcmène, que tu la prépares à ma visite, que tu lui dépeignes mon amour . . . Apparais-lui . . . Par ton seul fluide de dieu secondaire, agite déjà à mon profit l'humanité dans son corps. Je te permets de l'approcher, de la toucher. Trouble d'abord ses nerfs, puis son sang, puis son orgueil. D'ailleurs je t'avertis, je ne quitte pas cette ville avant qu'elle ne se soit étendue de bon gré en mon honneur. Et je suis las de cette humiliante livrée! Je viendrai en dieu.

MERCURE A la bonne heure, Jupiter! Si vous renoncez à votre incognito, je puis vous assurer que, d'ici quelques minutes, je l'aurai convaincue de vous attendre au coucher du soleil. La voilà justement. Laissez-moi.

ALCMÈNE Oh! Oh! Chéri!

L'ÉCHO Chéri!

JUPITER Elle appelle?

MERCURE Elle parle d'Amphitryon à son écho. Et vous dites qu'elle n'est pas coquette! Elle parle sans cesse à cet écho. Elle a un miroir même pour ses paroles. Venez, Jupiter, elle approche.

JUPITER Salut, demeure chaste et pure, si chaste, si pure!... Qu'as-tu à sourire? Tu as déjà entendu cette phrase?

MERCURE D'avance, oui. Je l'ai entendue d'avance. Les siècles futurs me la crient. Partons, la voilà!

SCÈNE QUATRIÈME

Alcmène et Ecclissé, la nourrice, entrent par les côtés opposés

ALCMÈNE Tu as l'air bien agité, Ecclissé.

ECCLISSÉ J'apporte les verveines, maîtresse, ses fleurs préférées.

ALCMÈNE Préférées de qui? Je préfère les roses.

ECCLISSÉ Vous oseriez orner cette chambre de roses, en ce jour?

ALCMÈNE Pourquoi pas?

ECCLISSÉ On m'a toujours dit que Jupiter déteste les roses. Mais peut-être après tout avez-vous raison de traiter les dieux comme de simples hommes. Cela les dresse.* Je prépare le grand voile rouge?

ALCMÈNE Le grand voile? Certes non. Le voile de lin simple.

ECCLISSÉ Que vous êtes habile, maîtresse! Que vous avez raison

47

de donner au palais l'aspect de l'intimité plutôt que l'éclat des fêtes. J'ai préparé les gâteaux et versé l'ambre dans le bain.

ALCMÈNE Tu as bien fait. C'est le parfum préféré de mon mari.

ECCLISSÉ Votre mari aussi, en effet, va être très fier et très heureux.

ALCMÈNE Que veux-tu dire, Ecclissé?

ECCLISSÉ O maîtresse chérie, voilà votre nom célèbre pour les siècles, et peut-être le mien aussi, puisque j'ai été ta nourrice. Mon lait, voilà ton fard.

ALCMÈNE Il est arrivé quelque bonheur à Amphitryon?

ECCLISSÉ Il va lui arriver ce qu'un prince peut rêver de plus heureux pour sa gloire et son honneur.

ALCMÈNE La victoire?

ECCLISSÉ Victoire, certes! Et sur le plus grand des dieux! Vous entendez?

ALCMÈNE Quelle est cette musique, et ces cris?

ECCLISSÉ Mais, chère maîtresse, c'est que Thèbes toute entière sait la nouvelle. Tous se réjouissent, tous se félicitent de savoir que grâce à vous, notre ville est favorisée entre toutes.

ALCMÈNE Grâce à ton maître!

ECCLISSÉ Certes lui aussi est à l'honneur!

ALCMÈNE Lui seul!

ECCLISSÉ Non, maîtresse, vous. Toute la Grèce retentit déjà de votre gloire. La voix des coqs s'est haussée d'un ton depuis ce matin, disent les prêtres. Léda, la reine de Sparte, que Jupiter aima sous la forme d'un cygne, et qui était de passage à Thèbes, demande à vous rendre visite. Ses conseils peuvent être utiles. Dois-je lui dire de monter?

ALCMÈNE Certes...

ECCLISSÉ Ah! maîtresse, il ne fallait pas te voir tous les jours dans ton bain, comme moi, pour penser que les dieux ne réclameraient pas un jour leur dû!

ALCMÈNE Je ne te comprends pas. Amphitryon est dieu?

48

ECCLISSÉ Non, mais son fils sera demi-dieu. (*Acclamation, musiques.*)
Ce sont les vierges. Elles ont distancé les prêtres dans la montée,
à part ce chausson d'Alexeia,* naturellement, qu'ils retiennent.
Ne vous montrez pas, maîtresse, c'est plus digne ... Je leur
parle? ... Si la princesse est là, mes petites? Oui, oui, elle est là!
(*Alcmène se promène, quelque peu énervée.*) Elle est mollement
étendue sur sa couche. Ses regards distraits caressent une énorme
sphère d'or qui soudain pend du plafond. De la main droite elle
porte à son visage un bouquet de verveine. De la gauche, elle
donne à un aigle géant, qui vient d'entrer par la fenêtre, des
diamants à becqueter.*

ALCMÈNE   Cesse tes plaisanteries, Ecclissé. On peut fêter une
victoire sans mascarade.

ECCLISSÈ   Son costume, vous voulez savoir son costume? Non,
elle n'est pas nue. Elle a une tunique de linge inconnu, qu'on
appelle la soie, soulignée d'un rouge nouveau, appelé la garance.*
La ceinture? Pourquoi n'aurait-elle pas de ceinture? Pourquoi
ce rire, là-bas, oui, toi Alexeia? Que je t'y reprenne!* Sa ceinture
est de platine et de jais vert. Si elle lui prépare un repas? ... Son
parfum?

ALCMÈNE   Tu as fini, Ecclissé?

ECCLISSÉ   Elles voudraient savoir ton parfum. (*Geste menaçant
d'Alcmène.*) C'est un secret, mes petites, mais ce soir Thèbes en
sera embaumée ... Qu'elle ne devienne pas une étoile qu'on ne
voit que tous les six mois? Oui, je la mettrai en garde. Et
comment tout cela se sera passé? Oui, je vous le promets, vierges,
je ne vous en cacherai rien. Adieu ... Voilà qu'elles s'en vont,
Alcmène. Elles montrent leur dos ravissant, et se retournent pour
sourire! Ah, comme un dos est éclairé par un sourire! Les
charmantes filles!

ALCMÈNE Je ne t'ai jamais vue aussi folle!

ECCLISSÉ Oh oui, maîtresse, folle et affolée! Car sous quelle forme
va-t-il venir? Par le ciel, par la terre, par les eaux? En dieu, en

animal, ou en humain? Je n'ose plus chasser les oiseaux, il est peut-être en ce moment un des leurs. Je n'ose résister au chevreuil apprivoisé, qui m'a poursuivie et cornée. Il est là, le gentil animal, qui piaffe et brâme dans l'antichambre. Peut-être dois-je lui ouvrir? Mais qui sait, peut-être est-il au contraire ce vent qui, agite les rideaux! J'aurais dû mettre le rideau rouge!* Peut-être est-ce lui qui effleure, en ce moment les épaules de ta vieille nourrice. Je tremble, un courant m'agite. Ah! je suis dans le sillage d'un immortel! O maîtresse, c'est en ceci que Jupiter aujourd'hui a été le plus habile: chacun de ses êtres et de ses mouvements peut être pris pour un dieu! Oh! regarde, qui entre là, par la fenêtre!

ALCMÈNE Tu ne vois pas que c'est une abeille . . . Chasse-la!

ECCLISSÉ Certainement non! C'est elle! C'est lui, veux-je dire, lui en elle, en un mot! Ne bougez pas, maîtresse, je vous en supplie! O salut, abeille divine! Nous te devinons.

ALCMÈNE Elle s'approche de moi, à l'aide!

ECCLISSÉ Que tu es belle en te gardant ainsi! Ah! que Jupiter a raison de te faire danser ce pas de crainte et de jeu. Aucun ne révèle plus ta candeur et tes charmes . . . Sûrement elle va te piquer.

ALCMÈNE Mais, je ne veux pas être piquée!

ECCLISSÉ O piqûre bien-aimée! Laisse-toi piquer, ô maîtresse! Laisse-la se poser sur ta joue. Oh! c'est lui sûrement, il cherche ta poitrine! (*Alcmène abat et écrase l'abeille. Elle la pousse du pied.*) Ciel! Qu'as-tu fait? Quoi, pas de foudres, pas d'éclair! Infâme insecte, qui nous fait de ces peurs!

ALCMÈNE Vas-tu m'expliquer ta conduite, Ecclissé?

ECCLISSÉ Tout d'abord, maîtresse, recevez-vous les députations qui montent pour vous féliciter?

ALCMÈNE Amphitryon les recevra avec moi demain.

ECCLISSÉ Evidemment, c'est plus naturel . . . Je reviens, maîtresse. Je vais chercher Léda.

SCÈNE CINQUIÈME

Alcmène. Mercure

Alcmène fait quelques pas dans la chambre, un peu inquiète. Quand elle se retourne, elle voit Mercure en face d'elle.

MERCURE Salut, princesse.

ALCMÈNE Vous êtes un dieu, pour être venu ainsi, avec cette audace à la fois et cette discrétion?

MERCURE Un dieu mal famé, mais un dieu.

ALCMÈNE Mercure, si j'en juge d'après votre visage?

MERCURE Merci. C'est à mes pieds que les autres humains me reconnaissent, aux ailes de mes pieds. Vous êtes plus habile ou plus apte à la flatterie.

ALCMÈNE Je suis tout heureuse de voir un dieu.

MERCURE Si vous voulez le toucher, je vous y autorise. A vos mains, moi, je reconnais que vous avez ce droit ...(*Alcmène doucement caresse les bras nus de Mercure, touche son visage.*) Je vois que les dieux vous intéressent.

ALCMÈNE Toute ma jeunesse s'est passée à les imaginer, à leur faire signe. Enfin l'un d'eux est venu! ... Je caresse le ciel! ... J'aime les dieux.

MERCURE Tous? Je suis compris dans cette affection?

ALCMÈNE La terre s'aime en détail, le ciel en bloc ... Vous d'ailleurs, Mercure, avez un si beau nom. On dit aussi que vous êtes le dieu de l'éloquence ... J'ai vu cela tout de suite, dès votre apparition.

MERCURE A mon silence? Votre visage aussi est une belle parole ... Et vous n'avez pas un préféré parmi les dieux?

ALCMÈNE Forcément, puisque j'ai un préféré parmi les hommes...

MERCURE Lequel?

ALCMÈNE Dois-je dire son nom?

MERCURE Voulez-vous que j'énumère les dieux, selon leur liste officielle, et vous m'arrêterez?

ALCMÈNE Je vous arrête. C'est le premier.

MERCURE Jupiter?

ALCMÈNE Jupiter.

MERCURE Vous m'étonnez. Son titre de dieu des dieux vous influence à ce point? Cette espèce d'oisiveté suprême, cette fonction de contremaître sans spécialité du chantier divin ne vous détourne pas de lui, au contraire?

ALCMÈNE Il a la spécialité de la divinité. C'est quelque chose.

MERCURE Il n'entend rien à l'éloquence, à l'orfèvrerie, à la musique de ciel ou de chambre. Il n'a aucun talent.

ALCMÈNE Il est beau, mélancolique, et il n'a sur ses augustes traits aucun de ces tics qui habitent les traits des dieux forgerons ou poètes.

MERCURE Il est beau, en effet, et coureur.

ALCMÈNE Vous n'êtes pas loyal en parlant ainsi de lui. Croyez-vous que je ne comprenne pas le sens de ces passions subites qui précipitent Jupiter dans les bras d'une mortelle? Je m'y connais en greffes, par mon mari, qui a trouvé, comme vous la savez peut-être là-haut, la greffe des cerises.* En classe aussi on nous fait réciter que le croisement avec la beauté et même avec la pureté, ne peut s'opérer que par ces visites et sur des femmes trop honorées de cette haute mission. Je vous déplais, en vous disant cela?

MERCURE Vous me ravissez . . . Alors le sort de Léda, de Danaé,* de toutes celles qu'a aimées ou qu'aimera Jupiter vous paraît un sort heureux?

ALCMÈNE Infiniment heureux.

MERCURE Enviable?

ALCMÈNE Très enviable.

MERCURE Bref, vous les enviez?

ALCMÈNE Si je les envie? Pourquoi cette question?

MERCURE Vous ne le devinez pas? Vous ne devinez pas pourquoi
je viens ici, et ce que j'ai à vous annoncer, en messager de mon
maître?

ALCMÈNE Dites toujours.

MERCURE Qu'il vous aime . . . Que Jupiter vous aime.

ALCMÈNE Jupiter me connaît? Jupiter daigne savoir mon existence? Je suis fortunée entre toutes.

MERCURE Depuis de nombreaux jours, il vous voit, il ne perd
aucun de vos gestes, vous êtes inscrite dans son regard rayonnant.

ALCMÈNE De nombreaux jours?

MERCURE Et de nombreuses nuits. Vous pâlissez!

ALCMÈNE C'est vrai, je devrais rougir! . . . Excusez-moi, Mercure.
Mais je suis navrée de penser que je n'ai pas toujours été digne de
ce regard! Que ne m'avez-vous prévenue!

MERCURE Et que dois-je lui dire?

ALCMÈNE Dites-lui que je serai désormais digne de cette faveur.
Un autel en argent se dresse déjà pour lui dans le palais. Dès le
retour d'Amphitryon, nous élèverons un autel d'or.

MERCURE Ce n'est pas votre autel qu'il demande.

ALCMÈNE Tout ici lui appartient! Qu'il daigne choisir un objet
parmi mes objets préférés!

MERCURE Il l'a choisi, et il viendra ce soir au coucher du soleil le
demander lui-même.

ALCMÈNE Lequel?

MERCURE Votre lit. (*Alcmène n'affecte pas une surprise démesurée.*)
Préparez-vous! Je viens de donner mes ordres à la nuit. Elle
n'aura pas trop de toute la journée pour amasser les éclats et les
sons d'une nuit de noces célestes. Ce sera moins une nuit qu'une
avance sur votre future immortalité. Je suis heureux d'intercaler
ce fragment d'éternité entre vos moments périssables. C'est mon
cadeau de fiançailles. Vous souriez?

ALCMÈNE On sourirait à moins.

MERCURE Et pourquoi ce sourire?

ALCMÈNE Tout simplement parce qu'il y a erreur sur la personne, Mercure. Je suis Alcmène et Amphitryon est mon mari.

MERCURE Les maris sont très en dehors des lois fatales du monde.

ALCMÈNE Je suis la plus simple des Thébaines. Je réussissais mal en classe, et j'ai d'ailleurs tout oublié. On me dit peu intelligente.

MERCURE Ce n'est pas mon avis.

ALCMÈNE Je vous fais observer qu'il ne s'agit pas en ce moment de vous, mais de Jupiter. Or, recevoir Jupiter, je n'en suis pas digne. Il ne m'a vue qu'illuminée de son éclat. Ma lumière à moi est infiniment plus faible.

MERCURE Du ciel on voit votre corps éclairer la nuit grecque.

ALCMÈNE Oui, j'ai des poudres, des onguents, Cela va encore, avec les épiloirs et les limes. Mais je ne sais ni écrire ni penser.

MERCURE Je vois que vous parlez très suffisamment. D'ailleurs les poètes de la posterité se chargeront de votre conversation de cette nuit.

ALCMÈNE Ils peuvent se charger aussi bien du reste.

MERCURE Pourquoi ce langage qui rapetisse tout ce qu'il touche? Croyez-vous échapper aux dieux à retrancher tout ce qui dépasse de vous en noblesse et en beauté? Vous vous rendez mal compte de la gravité de votre rôle?

ALCMÈNE C'est ce que je me tue à vous dire! Ce rôle ne me convient pas. Je vis dans tout ce qu'il y a de plus terrestre comme atmosphère, et aucune divinité ne pourrait la supporter longtemps.

MERCURE N'allez pas vous imaginer qu'il s'agisse d'une liaison, il s'agit de quelques heures.

ALCMÈNE Cela, vous n'en savez rien. La constance de Jupiter, comme je l'imagine, me surprendrait à peine. C'est son intérêt qui m'étonne.

MERCURE Votre taille l'emporte sur toutes.

ALCMÈNE Ma taille, admettons. Il sait que je me hâle affreusement
l'été?

MERCURE Vos mains ornent les fleurs dans vos jardins.

ALCMÈNE Mes mains sont bien, oui. Mais on n'a que deux mains.
Et j'ai une dent en trop.

MERCURE Votre démarche déborde de promesses.

ALCMÈNE Cela ne veut rien dire, au contraire. En amour, je suis
peu développée.

MERCURE Inutile de mentir. Jupiter vous a observée aussi, dans
ce rôle.

ALCMÈNE On peut feindre . . .

MERCURE Trêve de paroles, et trêve de coquetterie . . . Que vois-
je, Alcmène, des larmes dans vos yeux? Vous pleurez dans l'heure
où une pluie de joies va tomber sur l'humanité en votre honneur!
Car Jupiter l'a décidé. Il sait que vous êtes bonne et que vous
préférez cette averse à une averse d'or.* Une année de joie
commence ce soir pour Thèbes. Plus d'épidémie, plus de
famines, plus de guerre.

ALCMÈNE Il ne manquait plus que cela!*

MERCURE Et les enfants de votre ville que la mort doit emporter
cette semaine, ils sont huit, si vous désirez le savoir, quatre petits
garçons, et quatre petites filles, votre petite Charissa* entre
autres, vont être sauvés par votre nuit.

ALCMÈNE Charissa? Cela s'appelle du chantage.

MERCURE La santé et le bonheur sont le seul chantage des dieux . . .
Vous entendez? Ces chants, cette musique, cet enthousiasme,
c'est à vous qu'ils s'adressent. Thèbes entière sait que vous recev-
rez ce soir Jupiter, et s'orne, et s'égaye pour vous. Les malades,
les pauvres, tous ceux qui vous devront la vie et le bonheur,
Jupiter les guérira ou les comblera sur son passage, au coucher
du soleil. Vous voilà prévenue. Adieu, Alcmène.

ALCMÈNE Ah! c'était là cette victoire!* Vous partez, Mercure?

MERCURE Je pars. Je vais prévenir Jupiter que vous l'attendez.

ALCMÈNE Vous mentirez. Je ne peux pas l'attendre.

MERCURE Que dites-vous?

ALCMÈNE Je ne l'attendrai pas. Je vous en supplie, Mercure. Détournez de moi la faveur de Jupiter!

MERCURE Je ne vous comprends pas.

ALCMÈNE Je ne peux être la maîtresse de Jupiter.

MERCURE Pourquoi?

ALCMÈNE Il me mépriserait ensuite.

MERCURE Ne faites pas votre naïve.

ALCMÈNE Je suis impie. Je blasphème dans l'amour.

MERCURE Vous mentez... C'est tout?

ALCMÈNE Je suis lasse, malade.

MERCURE Ce n'est pas vrai. Ne croyez pas vous défendre contre un dieu avec les armes qui écartent les hommes.

ALCMÈNE J'aime un homme.

MERCURE Quel homme?

ALCMÈNE Mon mari.

Mercure qui était penché vers elle se redresse.

MERCURE Ah, vous aimez votre mari?

ALCMÈNE Je l'aime.

MERCURE Mais nous y comptons bien! Jupiter, lui, n'est pas un homme, il ne choisit pas ses maîtresses parmi les femmes infidèles. D'ailleurs ne vous faites pas plus ingénue que vous ne l'êtes. Nous connaissons vos rêves.

ALCMÈNE Mes rêves?

MERCURE Nous savons que vous rêvez. Les femmes fidèles rêvent parfois, et qu'elles ne sont pas dans les bras de leurs maris.

ALCMÈNE Elles ne sont dans les bras de personne.

MERCURE Il arrive à ces épouses sûres d'appeler leur mari Jupiter. Nous vous avons entendue.

56

ALCMÈNE Mon mari peut être pour moi Jupiter. Jupiter ne peut être mon mari.

MERCURE Vous êtes vraiment ce qu'on nomme un esprit obstiné ! Ne me forcez pas à vous parler crûment, et à vous montrer le fond de ce que vous croyez votre candeur. Je vous trouve suffisamment cynique dans vos paroles.

ALCMÈNE Si j'étais surprise nue, je devrai me débattre avec mon corps et mes jambes nues. Vous ne me laissez pas le choix des mots.

MERCURE Alors j'y vais sans ambages: Jupiter ne demande pas absolument à entrer en homme dans votre lit . . .

ALCMÈNE Vous avez pu voir que je n'y accepte pas non plus les femmes.

MERCURE Nous avons pu voir que certains spectacles dans la nature, que certains parfums, que certaines formes vous irritent tendrement dans votre âme et dans votre corps, et que souvent, même au bras d'Amphitryon, il naît en vous vis-à-vis d'objets et d'êtres une tumultueuse appréhension. Vous aimez nager. Jupiter peut devenir l'eau qui vous investit et vous force. Ou si vous croyez marquer moins votre infidélité en recevant d'une plante, d'un animal la faveur du maître des dieux, dites-le, et il vous exaucera . . . Quel est votre félin préféré?

ALCMÈNE Mercure, laissez-moi.

MERCURE Un mot, et je pars. Un enfant doit naître de la rencontre de ce soir, Alcmène.

ALCMÈNE Il a même un nom, sans doute?

MERCURE Il a un nom, Hercule.

ALCMÈNE Pauvre petite fille, elle ne naîtra pas.

MERCURE C'est un garçon, et il naîtra. Tous ces monstres qui désolent encore la terre, tous ces fragments de chaos qui encombrent le travail de la création, c'est Hercule qui doit les détruire et les dissiper. Votre union avec Jupiter est faite de toute éternité.

ALCMÈNE Et que se passera-t-il, si je refuse?

MERCURE Hercule doit naître.

ALCMÈNE Si je me tue?

MERCURE Jupiter vous redonnera la vie, ce fils doit naître.

ALCMÈNE Un fils de l'adultère, jamais. Ce fils mourrait, tout fils du Ciel qu'il puisse être.

MERCURE La patience des dieux a des limites, Alcmène. Vous méprisez leur courtoisie. Tant pis pour vous. Après tout, nous n'avons que faire de votre consentement. Apprenez donc qu'hier...

Ecclissé entre brusquement.

ECCLISSÉ Maîtresse...

ALCMÈNE Qu'y a-t-il?

MERCURE Amphitryon, sans doute?

ECCLISSÉ Non, Seigneur. La reine Léda arrive au palais. Peut-être dois-je la renvoyer?

ALCMÈNE Léda?... Non! Qu'elle reste!

MERCURE Recevez-la, Alcmène, elle peut vous être d'un utile conseil. Pour moi je pars, et vais rendre compte de notre entretien à Jupiter.

ALCMÈNE Vous lui direz ma réponse?

MERCURE Tenez-vous à voir votre ville assaillie par des pestes, par l'incendie? A voir votre mari vaincu et déchu? Je lui dirai que vous l'attendez.

ALCMÈNE Vous direz un mensonge.

MERCURE C'est avec les mensonges du matin que les femmes font leurs vérités du soir. A ce soir, Alcmène.

Il disparaît.

ALCMÈNE Ecclissé, comment est-elle?

ECCLISSÉ Sa robe? D'argent avec liséré de cygne, mais très discret.

ALCMÈNE Je parle de son visage... Dur, orgueilleux?

ECCLISSÉ Noble et paisible.

ALCMÈNE Alors, va, cours, qu'elle entre vite, une idée m'est venue, une idée merveilleuse! Léda peut me sauver.

Sort Ecclissé.

SCÈNE SIXIÈME

Léda. Alcmène

LÉDA Voilà une visite indiscrète, Alcmène?

ALCMÈNE Tellement désirée, Léda, au contraire!

LÉDA C'est la future chambre historique?

ALCMÈNE C'est ma chambre.

LÉDA La mer et la montagne, vous faites bien les choses!

ALCMÈNE Et le ciel surtout . . .

LÉDA Le ciel lui est peut-être plus indifférent . . . C'est pour ce soir?

ALCMÈNE On dit que c'est ce soir.

LÉDA Comment cela est-il arrivé? Vous faisiez de grandes prières tous les jours pour dire votre peine, votre nostalgie?

ALCMÈNE Non. Je les faisais pour dire ma satisfaction, mon bonheur . . .

LÉDA C'est encore la meilleure façon d'appeler à l'aide . . . Vous l'avez vu?

ALCMÈNE Non . . . C'est lui qui vous envoie?

LÉDA Je passais par Thèbes, j'ai appris les nouvelles, je suis venue vous voir.

ALCMÈNE Ce n'est pas plutôt que vous comptez le revoir?

LÉDA Je ne l'ai jamais vu! . . . Vous n'ignorez pas les détails de l'aventure?

ALCMÈNE Léda, c'était vrai ce que la légende raconte, il était un vrai cygne?

LÉDA Ah! Cela vous intéresse! Jusqu'à un certain point, une espèce de nuage oiseau, de rafale cygne.

ALCMÈNE De vrai duvet?

LÉDA A vous parler franchement, Alcmène, j'aimerais autant qu'il ne reprît pas cette forme avec vous. Je n'ai pas à être jalouse, mais laissez-moi cette originalité. Il est tant d'autres oiseaux, de beaucoup plus rares, même!

ALCMÈNE D'aussi nobles que les cygnes, qui aient l'air plus distant, bien peu!

LÉDA Evidemment.

ALCMÈNE Je ne trouve pas du tout qu'ils aient l'air plus bêtes que l'oie ou l'aigle. Du moins, ils chantent, eux.

LÉDA En effet, ils chantent.

ALCMÈNE Personne ne les entend, mais ils chantent. Chantait-il, lui? Parlait-il?

LÉDA Un ramage articulé, dont le sens échappait, mais dont la syntaxe était si pure qu'on devinait les verbes et les relatifs des oiseaux.

ALCMÈNE Est-ce exact que les articulations de ses ailes crépitaient harmonieusement?

LÉDA Très exact, comme chez les cigales, en moins métallique. J'ai touché des doigts cette naissance des ailes: une harpe de plumes!

ALCMÈNE Vous aviez été informée de son choix?

LÉDA C'était l'été. Depuis le solstice, de grands cygnes naviguaient très haut entre les astres. J'étais bien sous le signe du cygne, comme dit plaisamment mon mari.

ALCMÈNE Votre mari plaisante sur ce sujet?

LÉDA Mon mari ne croit pas aux dieux. Il ne peut donc voir, dans cette aventure, qu'une imagination ou le sujet de jeux de mots. C'est un avantage.

ALCMÈNE Vous avez été bousculée, surprise?

LÉDA Assaillie, doucement assaillie. Caressée soudain par autre chose que par ces serpents prisonniers que sont les doigts, ces ailes mutilées que sont les bras; prise dans un mouvement qui n'était plus celui de la terre, mais celui des astres, dans un roulis éternel: bref un beau voyage. D'ailleurs vous serez mieux renseignée que moi dans un moment.

ALCMÈNE Il vous a quittée comment?

LÉDA J'étais étendue. Il est monté droit à mon zénith. Il m'avait douée pour quelques secondes d'une presbytie surhumaine qui me permit de le suivre jusqu'au zénith du zénith. Je l'ai perdu là.

ALCMÈNE Et depuis, rien de lui?

LÉDA Je vous dis, ses faveurs, les politesses de ses prêtres. Parfois une ombre de cygne qui se pose sur moi dans le bain, et que nul savon n'enlève . . . Les branches d'un poirier témoin s'inclinent sur mon passage. D'ailleurs je n'aurais pas supporté de liaison même avec un dieu. Une seconde visite, oui, peut-être. Mais il a négligé ce point de l'étiquette.

ALCMÈNE Cela pourrait peut-être se rattraper! Et depuis, vous êtes heureuse?

LÉDA Heureuse, hélas non! Mais, du moins, bienheureuse. Vous verrez que cette surprise donnera à tout votre être, et pour toujours, une détente dont votre vie entière profitera.

ALCMÈNE Ma vie n'est pas tendue; et d'ailleurs je ne le verrai pas.

LÉDA Vous le sentirez. Vous sentirez vos étreintes avec votre mari dégagées de cette douloureuse inconscience, de cette fatalité qui leur enlève le charme d'un jeu familial . . .

ALCMÈNE Léda, croyez-vous que l'on puisse fléchir Jupiter, vous qui le connaissez?

LÉDA Je le connais? Je ne l'ai vu qu'oiseau!

ALCMÈNE Mais d'après ses actes d'oiseau, quel est son caractère de dieu?

LÉDA Beaucoup de suite dans les idées* et peu de connaissance des femmes, mais il est docile à la moindre indication et reconnaissant pour toute aide . . . Pourquoi me demandez-vous cela?

ALCMÈNE J'ai décidé de refuser les faveurs de Jupiter. Je vous en supplie! Voulez-vous me sauver?

LÉDA Vous sauver de la gloire?

ALCMÈNE D'abord je suis indigne de cette gloire. Vous, vous étiez la plus belle des reines, mais la plus intelligente aussi. Quelle autre que vous eût compris la syntaxe du chant des oiseaux? N'avez-vous pas aussi inventé l'écriture?*

LÉDA C'est si inutile avec les dieux. Ils n'inventeront jamais la lecture...

ALCMÈNE Vous connaissez l'astronomie. Vous savez où est votre zénith, votre nadir. Moi je les confonds. Vous êtes déjà située dans l'univers comme un astre. La science donne au corps féminin un levain et une densité qui affolle hommes et dieux. Il suffit de vous voir pour comprendre que vous êtes moins une femme qu'une de ces statues vivantes dont la progéniture de marbre ornera un jour tous les beaux coins du monde.*

LÉDA Vous, vous n'êtes rien, comme ils disent, que beauté et jeunesse. Où voulez-vous en venir, chère petite?

ALCMÈNE Je me tuerai, plutôt que de subir l'amour de Jupiter. J'aime mon mari.

LÉDA Justement, vous ne pourrez plus jamais aimer que lui, sortant du lit de Jupiter. Aucun homme, aucun dieu n'osera vous toucher!

ALCMÈNE Je serais condamnée à aimer mon mari. Mon amour pour lui ne serait plus le fruit de mon libre choix. Il ne me le pardonnerait jamais!

LÉDA Peut-être commencerez-vous plus tard, autant commencer par un dieu.

ALCMÈNE Sauvez-moi, Léda! Vengez-vous de Jupiter, qui ne vous a étreinte qu'une fois et a cru vous consoler avec les révérences d'un poirier.

LÉDA Comment se venger d'un pauvre cygne blanc?

ALCMÈNE Avec un cygne noir. Je vais vous expliquer. Prenez ma place!

LÉDA Votre place !

ALCMÈNE Cette porte donne sur une chambre obscure où tout est préparé pour le repos. Mettez mes voiles, répandez mon parfum. Jupiter s'y trompera, et à son avantage. Ne se rend-on pas de ces services entre amies ?

LÉDA Sans se le dire, oui, souvent... Charmante femme !

ALCMÈNE Pourquoi souriez-vous ?

LÉDA Après tout, Alcmène, peut-être dois-je vous écouter ! Plus je vous entends, plus je vous vois, plus je pense qu'à tant d'agréments humains la visite du destin pourrait être fatale, et plus j'ai scrupule à vous attirer de force dans cette assemblée qui réunit aux fêtes de l'année solaire,* là-bas, sur ce haut promontoire, les femmes qu'aima Jupiter.

ALCMÈNE Cette fameuse assemblée où se déroulent des orgies divines ?

LÉDA Des orgies divines ? Mais c'est une calomnie. Des orgies d'idées générales tout au plus, chère petite. Nous sommes là-haut absolument entre nous !

ALCMÈNE Mais alors qu'y faites vous ? Je ne puis le savoir ?

LÉDA Vous me comprendrez peut-être difficilement, chère amie. Le langage abstrait, heureusement, ne doit pas être votre fort. Vous comprendriez les mots archétype, les mots idées force, le mot ombilic ?*

ALCMÈNE Je comprends ombilic. Cela veut dire nombril, je crois ?

LÉDA Vous me comprendriez si je vous racontais qu'étendues sur la roche ou sur le gazon maigre piqué de narcisses, illuminés par la gerbe des concepts premiers, nous figurons toute la journée une sorte d'étalage divin de surbeautés, et que, au lieu cette fois de concevoir, nous sentons les élans du cosmos se modeler sur nous, et les possibles du monde nous prendre pour noyau ou pour matrice ? Vous comprenez ?

ALCMÈNE Je comprends que c'est une assemblée extrêmement sérieuse.

LÉDA Très spéciale, en tout cas! Et où la moitié de vos charmes, ravissante Alcmène, serait sans objet! Vous si vive, si enjouée, si volontairement éphémère, je crois que vous avez raison. Vous êtes née pour être, non une des idées mères, mais la plus gracieuse idée fille de l'humanité.

ALCMÈNE O Merci, Léda! Vous me sauverez! On adore sauver l'éphémère!

LÉDA Je veux bien vous sauver, chère Alcmène. Entendu. Mais encore voudrais-je savoir à quel prix!

ALCMÈNE A quel prix?

LÉDA Sous quelle forme Jupiter doit-il venir? Il faudrait tout au moins que ce fût sous un aspect que j'aime.

ALCMÈNE Ah! cela je l'ignore.

LÉDA Vous pouvez le savoir. Il revêtira la forme qui hante vos désirs et vos rêves.

ALCMÈNE Je n'en vois pas.

LÉDA J'espère que vous n'aimez point les serpents. J'en ai horreur. Il n'y aurait pas alors à compter sur moi . . . Ou alors un beau serpent, couvert de bagues.

ALCMÈNE Aucun animal, aucun végétal ne me hante . . .

LÉDA Je décline aussi les minéraux. Enfin, Alcmène, vous avez bien un point sensible?

ALCMÈNE Je n'ai pas de point sensible. J'aime mon mari.

LÉDA Mais le voilà le point sensible! Il n'y a pas à en douter! C'est par là que vous serez vaincue. Vous n'avez jamais aimé que votre mari?

ALCMÈNE J'en suis là.

LÉDA Comment n'y avons-nous point pensé! La ruse de Jupiter sera la plus simple des ruses. Ce qu'il aime en vous, je le sens bien depuis que je vous connais, c'est votre humanité; ce qui est intéressant avec vous, c'est de vous connaître en humaine, dans vos habitudes intimes et vos vraies joies. Or, pour y arriver, il n'est qu'un artifice, prendre la forme de votre mari. Votre cygne, mais ce sera un Amphitryon, n'en doutez plus! Jupiter attendra la première absence de votre mari pour pénétrer chez vous et vous tromper.

ALCMÈNE Vous m'effrayez. Amphitryon est absent!

LÉDA Absent de Thèbes?

ALCMÈNE Il est parti hier soir pour la guerre.

LÉDA Quand revient-il? Une armée ne peut décemment faire une guerre de moins de deux jours?

ALCMÈNE J'en ai peur.

LÉDA D'ici ce soir, Alcmène, Jupiter forcera ces portes sous l'aspect de votre mari et vous vous donnerez à lui sans défiance.

ALCMÈNE Je le reconnaîtrai.

LÉDA Pour une fois un homme sera un ouvrage divin. Vous vous abuserez.

ALCMÈNE Justement. Il sera un Amphitryon plus parfait, plus intelligent, plus noble. Je le haïrai à première vue.

LÉDA Il était un cygne immense, et je ne l'ai pas distingué du petit cygne de mon fleuve . . .

Ecclissé entre.

ECCLISSÉ Une nouvelle, maîtresse, une nouvelle imprévue!

LÉDA Amphitryon est là!

ECCLISSÉ Comment le savez-vous? Oui, le prince sera dans une minute au palais. Des remparts je l'ai vu au galop de son cheval franchir les fossés.

ALCMÈNE Aucun cavalier jamais ne les a franchis!

ECCLISSÉ Un bond lui a suffi.

LÉDA Il est seul?

ECCLISSÉ Seul, mais on sent autour de lui un escadron invisible.* Il rayonne. Il n'a pas cet air fatigué qu'il porte d'habitude au retour de la guerre. Le jeune soleil en pâlit. C'est un bloc de lumière avec une ombre d'homme. Que dois-je faire, maîtresse? Jupiter est autour de nous, et mon maître s'expose à la colère des dieux! Je crois avoir perçu un coup de tonnerre au moment où il entrait dans le chemin de ronde...

ALCMÈNE Va, Ecclissé.

Ecclissé sort.

LÉDA Etes-vous convaincue, maintenant? Voilà Jupiter! Voilà le faux Amphitryon.

ALCMÈNE Eh bien! il trouvera ici la fausse Alcmène. De toute cette future tragédie de dieux, ô chère Léda, grâce à vous, je vous en supplie, faisons un petit divertissement pour femmes! Vengeons-nous!

LÉDA Comment est-il votre mari? Vous avez son portrait?

ALCMÈNE Le voilà.

LÉDA C'est qu'il n'est pas mal... Il a ces beaux yeux que j'aime, où la prunelle est à peine indiquée, comme dans les statues. J'aurais adoré les statues, si elles savaient parler et être sensibles. Il est brun? Il ne frise pas, j'espère?

ALCMÈNE Des cheveux mats, Léda, des ailes de corbeau.

LÉDA Stature militaire? Peau rugueuse?

ALCMÈNE Mais certainement pas! Beaucoup de muscles, mais si souples!

LÉDA Vous ne m'en voudrez pas de vous prendre l'image du corps que vous aimez?

ALCMÈNE Je vous le jure.

LÉDA Vous ne m'en voudrez pas de vous prendre un dieu que vous n'aimez pas?

ALCMÈNE Il arrive. Sauvez-moi.

LÉDA Elle est là, cette chambre?

ALCMÈNE Elle est là.

LÉDA Il n'y a pas de degrés à descendre dans cette ombre? J'ai horreur des faux pas.*

ALCMÈNE Un sol lisse et plan.

LÉDA Le mur du divan n'est pas revêtu de marbre?

ALCMÈNE De tapis de haute laine. Vous n'hésiterez pas au dernier moment!

LÉDA Je vous l'ai promis. Je suis très consciencieuse en amitié. Le voilà. Amusez-vous un peu de lui avant de me l'envoyer. Vengez-vous sur le faux Amphitryon des chagrins que vous donnera un jour le vrai...

SCÈNE SEPTIÈME

Alcmène. Amphitryon

Voix d'esclave. Et vos chevaux, seigneur, que dois-je en faire? Ils sont épuisés.

AMPHITRYON Je me moque de mes chevaux. Je repars à l'instant.

ALCMÈNE Il se moque de ses chevaux, ce n'est pas Amphitryon.

Amphitryon s'avance vers elle.

AMPHITRYON C'est moi!

ALCMÈNE Et non un autre, je le vois.

AMPHITRYON Tu ne m'embrasses pas, chérie?

ALCMÈNE Un moment, si tu veux. Il fait si clair ici. Tout à l'heure, dans cette chambre.

AMPHITRYON Tout de suite! La pensée seule de cette minute m'a lancé vers toi comme une flèche.

ALCMÈNE Et fait escalader les rochers, et franchir les rivières, et enjamber le ciel! Non, non, viens plutôt vers le soleil, que je te regarde! Tu n'as pas peur de montrer ton visage à ta femme? Tu sais qu'elle en connaît les moindres beautés, les moindres taches.

AMPHITRYON Le voici, chérie, et bien imité.

ALCMÈNE Bien imité, en effet. Une femme habituelle s'y tromperait. Tout y est. Ces deux rides tristes qui servent au sourire, cet évidement comique qui sert aux larmes, et pour marquer l'âge, ce piétinement, là, au coin des tempes, de je ne sais quel oiseau, de l'aigle de Jupiter sans doute?

AMPHITRYON D'une oie, chérie, c'est ma patte d'oie.* Tu l'embrasses, d'habitude.

ALCMÈNE Tout cela est bien mon mari! Il y manque pourtant l'égratignure qu'il se fit hier. Curieux mari, qui revient de la guerre avec une estafilade en moins.

AMPHITRYON L'air est souverain pour les blessures.

ALCMÈNE L'air des combats, cela est bien connu! Voyons les yeux. Eh! Eh! cher Amphitryon, tu avais au départ deux grands yeux gais et francs. D'où te vient cette gravité dans l'œil droit, d'où te vient dans l'œil gauche ce rayon hypocrite?

AMPHITRYON Il ne faut pas se regarder trop en face, entre époux, si l'on veut s'éviter des découvertes . . . Viens. . . .

ALCMÈNE Un instant. . . . Il flotte des nuages, en ce regard, que je n'avais jamais aperçus. . . . Je ne sais ce que tu as, ce soir, mon ami, mais à te voir, j'éprouve un vertige, je sens m'envahir une espèce de science du passé, de prescience de l'avenir . . . Je devine les mondes lointains, les sciences cachées.

AMPHITRYON Toujours avant l'amour, chérie. Moi aussi. Cela passera.

ALCMÈNE A quoi pense ce large front, plus large que nature?

AMPHITRYON A la belle Alcmène, toujours égale à soi.

ALCMÈNE A quoi pense ce visage, qui grossit sous mes yeux?

AMPHITRYON A baiser tes lèvres.

ALCMÈNE Pourquoi mes lèvres? Jamais tu ne me parlais autrefois de mes lèvres?

AMPHITRYON A mordre ta nuque.

ALCMÈNE Tu deviens fou? Jamais tu n'avais eu l'audace jusqu'ici d'appeler par leur nom un seul de mes traits!

AMPHITRYON Je me le suis reproché cette nuit, et je vais te les nommer tous. J'ai eu soudain cette idée, faisant l'appel de mon armée, et toutes devront aujourd'hui répondre à mon dénombrement, paupières, gorge, et nuque, et dents. Tes lèvres!

ALCMÈNE Voici toujours ma main.*

AMPHITRYON Qu'as-tu? Je t'ai piquée? C'était désagréable?

ALCMÈNE Où as-tu couché cette nuit?

AMPHITRYON Dans des ronces, pour oreiller un fagot de sarments qu'au réveil j'ai flambé! . . . Il faut que je reparte dans l'heure, chérie, car nous livrerons la bataille dès ce matin. . . . Viens! . . . Que fais-tu?

ALCMÈNE J'ai bien le droit de caresser tes cheveux. Jamais ils n'ont été aussi brillants, aussi secs!

AMPHITRYON Le vent sans doute!

ALCMÈNE Ton esclave le vent. Et quel crâne tu as soudain! Jamais, je ne l'avais vu aussi considérable?

AMPHITRYON L'intelligence, Alcmène. . . .

ALCMÈNE Ta fille l'intelligence. . . .*

AMPHITRYON Et cela ce sont mes sourcils, si tu tiens à le savoir, et cela mon occiput, et cela ma veine jugulaire. . . . Chère Alcmène, pourquoi frémis-tu ainsi en me touchant? Tu sembles une fiancée et non une femme. Qui t'a donné vis-à-vis de ton époux cette retenue toute neuve? Voilà qu'à moi aussi tu deviens une inconnue. Et tout ce que je vais découvrir aujourd'hui sera nouveau pour moi. . . .

ALCMÈNE J'en ai la certitude. . . .

AMPHITRYON Ne souhaites-tu pas un cadeau, n'as-tu pas un vœu à faire?

ALCMÈNE Je voudrais, avant de pénétrer dans cette chambre, que tu effleures de tes lèvres mes cheveux.

AMPHITRYON, *la prenant dans ses bras et l'embrassant dans le cou.* Voilà!

ALCMÈNE Que fais-tu? Embrasse-moi de loin, sur les cheveux, te dis-je.

AMPHITRYON, *l'embrassant sur la joue.* Voilà!

ALCMÈNE Tu manques de parole, suis-je chauve pour toi?

AMPHITRYON, *l'embrassant sur les lèvres.* Voilà. . . . Et maintenant je t'emporte. . . .

ALCMÈNE Une minute! Rejoins-moi, dans une minute! Dès que je t'appelle, mon amant!*

Elle entre dans la chambre. Amphitryon reste seul.

AMPHITRYON Quelle épouse charmante! Comme la vie est douce qui s'écoule ainsi sans jalousie et sans risque, et doux ce bonheur bourgeois que n'effleure ni l'intrigue, ni la concupiscence. Que je regagne le palais à l'aurore ou au crépuscule, je n'y découvre que ce que j'y cache et je n'y surprends que le calme . . . Je peux venir, Alcmène? . . . Elle ne répond pas: je la connais, c'est qu'elle est prête. . . . Quelle délicatesse, c'est par son silence qu'elle me fait signe, et quel silence! Comme il résonne! Comme elle m'appelle! Oui, oui, me voici, chérie. . . .

Quand il est entré dans la chambre, Alcmène revient à la dérobée, le suit d'un sourire, écarte les tentures, revient au milieu de la scène.

ALCMÈNE Et voilà, le tour est joué! Il est entre ses bras. Qu'on ne me parle plus de la méchanceté du monde. Un simple jeu de petite fille la rend anodine. Qu'on ne me parle plus de la fatalité, elle n'existe que par la veulerie des êtres. Ruses des hommes, désirs des dieux, ne tiennent pas contre la volonté et l'amour d'une femme fidèle. . . . N'est-ce pas ton avis, écho, toi qui m'as toujours donné les meilleurs conseils? . . . Qu'ai-je à redouter des dieux et des hommes, moi qui suis loyale et sûre, rien, n'est-ce pas, rien, rien?

L'ECHO Tout! Tout!

ALCMÈNE Tu dis?

L'ECHO Rien! Rien!

RIDEAU

Acte Troisième

Terrasse près du palais

SCÈNE PREMIÈRE

Sosie. Le Trompette. Ecclissé. Puis les danseuses

LE TROMPETTE Il s'agit de quoi ce soir, dans ta proclamation?

SOSIE Des femmes.

LE TROMPETTE Bravo! Du danger des femmes?

SOSIE De l'état naturel de fidélité où sont les épouses en temps de guerre. . . . Par extraordinaire, la proclamation risque cette fois d'être vraie, notre guerre n'a duré qu'un jour.

LE TROMPETTE Lis-la vite.

Il sonne.

SOSIE O Thébains, la guerre, entre tant d'avantages . . .

ECCLISSÉ Silence.

SOSIE Comment, silence? Mais la guerre est finie, Ecclissé. Tu as deux vainqueurs devant toi. Nous précédons l'armée d'un quart d'heure.

ECCLISSÉ Silence, te dis-je, écoute!

SOSIE Ecouter ton silence, c'est neuf.

ECCLISSÉ Ce n'est pas moi qui parle, aujourd'hui, c'est le ciel. Une voix céleste annonce aux Thébains les exploits d'un héros inconnu.

SOSIE Inconnu? Du petit Hercule, tu veux dire? Du fils qu'Alcmène doit avoir cette nuit de Jupiter?

ECCLISSÉ Tu sais cela!

SOSIE Comme toute l'armée, demande au trompette.

LE TROMPETTE Et je vous prie de croire que tous se réjouissent.
Soldats et Officiers ne peuvent attribuer qu'à cet heureux événe-
ment notre victoire rapide. Pas un tué, Madame, et les chevaux
eux-mêmes n'ont été blessés qu'à la jambe gauche. Seul Amphitryon ne savait rien encore, mais, grâce à ces voix célestes, il doit
être maintenant averti.

ECCLISSÉ Amphitryon a pu entendre les voix, de la plaine!

LE TROMPETTE On n'en perd pas un mot. La foule est massée au
pied du Palais et nous avons écouté avec elle. C'est assez impres-
sionnant. Il vient d'y avoir surtout un petit combat entre votre
futur jeune maître et un monstre à tête de taureau qui nous a
tenus pantelants. Hercule s'en est tiré, mais de justesse . . .
Attention, voici la suite!

LA VOIX CÉLESTE O Thébains, le minotaure à peine tué, un
dragon s'installe aux portes de votre ville, un dragon à trente
têtes qui se nourrissent de chair humaine, de votre chair, à part
une seule tête herbivore.

LA FOULE Oh! Oh! Oh!

LA VOIX Mais Hercule, le fils qu'Alcmène concevra cette nuit de
Jupiter, d'un arc à trente cordes, perce les trente têtes.*

LA FOULE Eh! Eh! Eh!

LE TROMPETTE Je me demande pourquoi il a tué la tête herbivore.

SOSIE Regarde Alcmène à son balcon. Elle n'en perd pas un mot.
Comme Jupiter est habile! Il sait combien notre Reine désire
d'enfants, il lui dépeint Hercule, pour qu'elle se prenne à l'aimer
et se laisse convaincre.

ECCLISSÉ Pauvre maîtresse! Elle en est oppressée. C'est autour
d'elle qu'elle sent ce fils gigantesque. C'est lui qui la contient
comme un enfant!

LE TROMPETTE A la place de Jupiter, je ferais parler Hercule lui-même. L'émoi d'Alcmène en serait accru.

SOSIE Tais-toi! La voix parle!

LA VOIX CÉLESTE De mon père Jupiter, j'aurai le ventre poli, le poil frisé.

LA FOULE Oh! Oh! Oh!

ECCLISSÉ Les Dieux ont eu votre idée, trompette.

LE TROMPETTE Oui, un peu moins rapidement.

LA VOIX De ma mère Alcmène, le tendre et loyal regard.

ECCLISSÉ Ta mère est là, petit Hercule, la vois-tu?

LA VOIX Je la vois, je l'admire.

LA FOULE Ah! Ah! Ah!

SOSIE Qu'a donc ta maîtresse à fermer si brusquement sa fenêtre? Couper la parole à une voix céleste, elle exagère! D'ailleurs, Ecclissé, que signifie cette figure d'enterrement? Et pourquoi le Palais prend-il cet air maussade, alors que toutes les tentures de fête devraient déjà flotter au vent? Le bruit court pourtant à l'armée que ta maîtresse a fait venir Léda pour lui demander les derniers conseils et qu'elles ont passé la journée à jouer et à rire? c'était faux?

ECCLISSÉ C'était vrai. Mais elle est partie depuis une heure à peine. C'est aussitôt après son départ que les voix ont annoncé la visite de Jupiter pour le coucher du soleil.

SOSIE Les prêtres ont confirmé la nouvelle?

ECCLISSÉ Ils sortent d'ici.

SOSIE Alors, Alcmène se prépare?

ECCLISSÉ Je ne sais.

LE TROMPETTE Madame, des rumeurs assez fâcheuses circulent dans Thèbes sur votre maîtresse et sur vous. On dit que par enfantillage ou par coquetterie, Alcmène affecte de ne pas apprécier la faveur de Jupiter, et qu'elle ne songe à rien moins qu'à empêcher le libérateur de venir au monde.

SOSIE Oui, et que tu l'aides dans cet infanticide.

73

ECCLISSÉ   Comment peut-on ainsi m'accuser! Avec quelle
impatience je l'attends, moi, cet enfant! songe que c'est
avec moi qu'il commencerait ces luttes qui sauveront la terre.
C'est moi pendant dix ans qui jouerai pour lui l'hydre, le minotaure! quels cris peuvent bien pousser ces bêtes, pour que je l'y
habitue?

SOSIE   Calme-toi. Parle nous d'Alcmène. Il n'est vraiment pas
décent pour Thèbes d'offrir aux Dieux une maîtresse morose et
rechignante. Est-il vrai qu'elle cherche un moyen de détourner
Jupiter de son projet?

ECCLISSÉ   J'en ai peur.

SOSIE   Elle ne réfléchit pas que si elle le trouve, c'est Thèbes perdue,
la peste et la révolte dans nos murs, Amphitryon lapidé par la
foule; les femmes fidèles sont toutes les mêmes, elles ne pensent
qu'à leur fidélité et jamais à leurs maris.

LE TROMPETTE   Rassurez-vous, Sosie, le moyen elle ne le trouvera
pas, Jupiter ne se laissera pas détourner de son projet, car le
propre de la divinité, c'est l'entêtement. Si l'homme savait
pousser l'obstination à son point extrême, lui aussi serait déjà
dieu. Voyez les savants, et les secrets divins qu'ils arrachent de
l'air ou du métal, simplement parce qu'ils se butent. Jupiter est
buté. Il aura le secret d'Alcmène. D'ailleurs tout est prêt pour sa
venue. Elle est fixée comme une éclipse. Tous les petits Thébains
se brûlent les doigts à noircir des éclats de verre pour suivre sans
ophtalmie le bolide du dieu.*

SOSIE   As-tu prévenu les musiciens, les cuisiniers?

ECCLISSÉ   J'ai préparé du Samos* et des gâteaux.

SOSIE   Comme les nourrices ont le sens de l'adultère et pas celui du
mariage! Tu n'as pas l'air de te douter qu'il s'agit, non pas d'un
rendez-vous clandestin, mais de noces, de vraies noces! Et
l'assemblée, la foule, où est-elle? Jupiter exige une foule autour
de chacun de ses actes amoureux. Qui comptes-tu convoquer à
cette heure tardive?

ECCLISSÉ J'allais justement à la ville rassembler tous les pauvres, les malades, les infirmes, les disgraciés de la nature. Ma maîtresse veut qu'ils se massent sur le passage de Jupiter, pour l'attendrir et le toucher.

LE TROMPETTE Rassembler pour fêter Jupiter les bossus et les boiteux! Lui montrer en un mot les imperfections du monde qu'il ignore, mais ce serait l'exaspérer! Vous ne le ferez pas. . . .

ECCLISSÉ J'y suis bien obligée! Ma maîtresse l'ordonne.

SOSIE Elle a tort. Et le trompette a raison.

LE TROMPETTE C'est un sacrilège que de prouver à notre créateur qu'il a raté le monde. Les amabilités qu'il a pour lui viennent de ce qu'il le croit parfait. S'il nous voit bancal et manchot, s'il apprend que nous souffrons de la jaunisse et de la gravelle, il sera furieux contre nous. D'autant plus qu'il prétend nous avoir créés à son image: on déteste les mauvais miroirs.

ECCLISSÉ Lui-même, par la voix céleste, a réclamé les infortunés parmi les Thébains.

LE TROMPETTE Il les aura. J'ai entendu la voix et me suis chargé tout à l'heure de ce soin. Il est seulement nécessaire que ces infortunés lui inspirent une haute idée de l'infortune humaine. N'ayez pas d'inquiétude, Sosie, tout sera prêt. J'ai justement amené toute une troupe spéciale de paralytiques.

ECCLISSÉ Des paralytiques n'ont pu monter jusqu'au Palais!

LE TROMPETTE Elles sont parfaitement montées, et vous allez les voir. Entrez, mes petites, entrez! Venez montrer vos pauvres membres au maître des Dieux.

Entrent les jeunes danseuses.

ECCLISSÉ Mais ce sont les danseuses!

LE TROMPETTE Elles sont les paralytiques. Du moins elles seront présentées comme telles à Jupiter. Elles représentent le point le plus bas de ce qu'il croit l'impotence des hommes. Et j'ai là aussi, derrière les bosquets, une douzaine de chanteuses, qui clameront les cantiques pour faire les muettes. Avec un supplément de quelques géants comme nains, nous aurons un public d'infortunés tel que Jupiter ne rougira pas d'avoir créé le monde et comblera le moindre désir de ta maîtresse et des Thébains. Par où vient-il?

ECCLISSÉ Dos au soleil, ont dit les prêtres. Il y aura aujourd'hui au couchant deux épaisseurs de feu.

LE TROMPETTE Il faut qu'il voie en plein éclat le visage des boulangères. Vous les mettrez là. Elles feront les lépreuses.*

UNE DANSEUSE Mais, nous, monsieur le philosophe, qu'avons-nous à faire?

SOSIE A danser. Vous ne savez rien faire d'autre, j'espère?

LA DANSEUSE Quelle danse? La symbolique avec les décollés majeurs?*

SOSIE Pas de zèle. N'oubliez pas que pour Jupiter vous êtes des boiteuses.

UNE DANSEUSE Ah! C'est pour Jupiter. Alors nous avons le pas de la truite avec saccades qui imitent la foudre, cela le flattera.

LE TROMPETTE Ne vous faites pas d'illusions. Les Dieux voient les danseuses d'en haut, et non pas en bas, cela suffit à expliquer pourquoi ils sont moins sensibles à la danse que les hommes. Jupiter préfère les baigneuses.

UNE DANSEUSE Nous avons justement la danse dite des vagues, sur le plan supinal, avec le surpassé des cuisses.*

LE TROMPETTE Dis-moi, Sosie, quel est ce guerrier qui grimpe la colline? n'est-ce pas Amphitryon?

ECCLISSÉ En effet c'est Amphitryon. Ciel, je tremble!

SOSIE Et moi je n'en suis point fâché. C'est un homme de jugement et de piété. Il aidera à décider sa femme.

UNE DANSEUSE Comme il court!

LE TROMPETTE Je comprends sa hâte. Beaucoup de maris tiennent à épuiser leurs femmes pour qu'elle ne soit dans les bras

76

du dieu qu'un corps sans âme. . . . Allez mes filles. Nous vous suivons pour préparer la musique. Enfin, grâce à nous deux, la cérémonie sera digne de l'hôte. Nous sommes arrivés juste à temps. . . . Toi, Sosie, ta proclamation.

Il sonne.

SOSIE O Thébains, la guerre, entre tant d'avantages, recouvre le corps de la femme d'une cuirasse d'acier et sans jointure où ni le désir ni la main ne se peuvent glisser. . . .

SCÈNE DEUXIÈME

Amphitryon (congédie d'un geste Sosie et le Trompette)

AMPHITRYON Ta maîtresse est là, Ecclissé?
ECCLISSÉ Oui, Seigneur
AMPHITRYON Elle est là, dans sa chambre?
ECCLISSÉ Oui, seigneur.
AMPHITRYON Je l'attends. . . .

(la voix céleste retentit pendant le silence)

LA VOIX CÉLESTE *Les Femmes. Le fils qu'Alcmène conçoit ce soir de Jupiter les sait toutes infidèles, tendres aux honneurs, chatouillées par la gloire.*
LA FOULE Ah! Ah! Ah!
LA VOIX *Il les séduit, les épuise, les abandonne, il insulte les maris outragés, il meurt par elles . . .* *
LA FOULE Oh! Oh! Oh!

SCÈNE TROISIÈME

Alcmène. Amphitryon

ALCMÈNE Qu'allons-nous faire, Amphitryon?

AMPHITRYON Qu'allons-nous faire, Alcmène?

ALCMÈNE Tout n'est pas perdu, puisqu'il a permis que tu le devances!

AMPHITRYON A quelle heure doit-il être là?

ALCMÈNE Dans quelques minutes, hélas, au coucher du soleil. Je n'ose regarder là-haut! Toi, qui vois les aigles avant qu'ils ne te voient, n'aperçois-tu rien dans le ciel?

AMPHITRYON Un astre mal suspendu qui balance.

ALCMÈNE C'est qu'il passe! Tu as un projet?

AMPHITRYON J'ai ma voix, ma parole, Alcmène! Je persuaderai Jupiter! Je le convaincrai!

ALCMÈNE Pauvre ami! Tu n'as jamais convaincu que moi au monde, et ce n'est point par des discours. Un coloque entre Jupiter et toi, c'est tout ce que je redoute. Tu en sortirais désespéré, mais me donnant aussi à Mercure.

AMPHITRYON Alors, Alcmène! Nous sommes perdus.

ALCMÈNE Ayons confiance en sa bonté . . . A cette place où nous recevons les hôtes de marque, dans nos cérémonies, attendons-le. J'ai l'impression qu'il ignorait notre amour. Du plus profond de l'Olympe, il faut qu'il nous aperçoive ainsi, l'un près de l'autre, sur notre seuil, et que la vision du couple commence à détruire en lui l'image de la femme isolée . . . Prends-moi dans tes bras! Etreins-moi! Embrasse-moi en pleine lumière pour qu'il voie quel être unique forment deux époux. Toujours rien, dans le ciel?

AMPHITRYON Le Zodiaque s'agite. Il en a heurté le fil.* Je te donne le bras?

ALCMÈNE Non, pas de lien factice et banal. Laisse entre nous deux
ce doux intervalle, cette porte de tendresse, que les enfants, les
chats, les oiseaux, aiment trouver entre deux vrais époux.

Bruits de la foule et musique.

AMPHITRYON Voilà que les prêtres donnent leur signal. Il ne doit
plus être loin . . . Nous disons-nous adieu devant lui, ou maintenant, Alcmène? Il faut tout prévoir !

LA VOIX CÉLESTE, *annonçant: Adieux d'Alcmène et d'Amphitryon!*

AMPHITRYON Tu as entendu?

ALCMÈNE J'ai entendu.

LA VOIX, *répétant. Adieux d'Alcmène et d'Amphitryon!*

AMPHITRYON Tu n'as pas peur?

ALCMÈNE O chéri, n'as-tu pas quelquefois, aux heures où la vie
s'élargit, senti en toi une voix inconnue donner comme un titre à
ces instants? Le jour de notre première rencontre, de notre
premier bain dans la mer, n'as-tu pas entendu en toi
appeler: Fiançailles d'Amphitryon! Premier bain d'Alcmène!
Aujourd'hui l'approche des dieux a rendu sans doute l'atmosphère
si sonore que le titre muet de cette minute y résonne.* Disons-
nous adieu.

AMPHITRYON Pour parler franchement, je n'en suis pas fâché,
Alcmène. Depuis la minute où je t'ai connue, je porte cet adieu
en moi, non comme un appel dernier, mais comme s'il était la
déclaration d'une tendresse particulière, comme un nouvel aveu.
Me voilà, par hasard, obligé de le dire aujourd'hui au terme
peut-être de notre vie et là où théoriquement il convient. Mais
c'est presque toujours au milieu de nos plus grandes joies et
quand rien ne menaçait notre union, que le besoin de te dire adieu
m'étreignait et gonflait mon cœur de mille caresses inconnues.

ALCMÈNE Mille caresses inconnues? On peut savoir?

AMPHITRYON Je sentais bien que j'avais un nouveau secret à dire à ce visage où je n'aurai pas vu une ride, à ces yeux où je n'aurai pas vu une larme, à ces cils dont pas un seul ne sera tombé, même pour me permettre de faire un vœu! C'était un adieu.

ALCMÈNE Ne détaille pas, chéri. Toutes les parts de mon corps que tu ne nommeras point souffriront de partir négligées vers la mort.

AMPHITRYON Tu crois vraiment que la mort s'apprête pour nous?

ALCMÈNE Non! Jupiter ne nous tuera pas. Pour se venger de notre refus, il nous changera bien plutôt d'espèce; il nous retirera tout goût et toute joie commune, il fera de nous des êtres différents, un de ces couples célèbres par leur amour mais séparés par leur race plus que par la haine, un rossignol et un crapaud, un saule et un poisson ... Je m'arrête pour ne pas lui donner d'idées! Moi qui mange avec moins de plaisir si tu te sers d'une cuiller quand j'ai une fourchette, lorsque tu respireras par des branchies et moi par des feuilles, lorsque tu parleras par un coassement et moi par des roulades, ô chéri, quel goût trouverai-je à la vie!

AMPHITRYON Je te joindrai, je resterai près de toi: la présence est la seule race des amants.

ALCMÈNE Ma présence? Peut-être ma présence sera-t-elle bientôt pour toi la pire peine. Peut-être allons-nous à l'aube nous retrouver face à face, dans ces mêmes corps, le tien intact, le mien privé de cette virginité pour dieu que doit garder une femme sous tous les baisers du mari. Envisages-tu la vie avec cette épouse qui n'aura plus de respect d'elle-même, déshonorée, fût-ce par trop d'honneur, et flétrie par l'immortalité? Envisages-tu que toujours un tiers nom soit sur nos lèvres, indicible, donnant un goût de fiel à nos repas, à nos baisers? Moi pas. Quel regard auras-tu pour moi quand le tonnerre grondera, quand le monde s'emplira par des éclairs d'allusions à celui qui m'a souillée? Jusqu'à la beauté des choses créées, créées par lui, sera pour nous un rappel à la honte. Ah! plutôt ce changement en êtres primaires mais purs.

Il y a en toi tant de loyauté, tant de bon vouloir à jouer ton rôle d'homme, que je te reconnaîtrais sûrement parmi les poissons ou les arbres, à ta façon consciencieuse de recevoir le vent, de manger ta proie ou de conduire ta nage.

AMPHITRYON Le capricorne* s'est dressé, Alcmène. Il approche.

ALCMÈNE Adieu, Amphitryon. J'aurais pourtant bien aimé voir avec toi l'âge venir, voir ton dos se voûter, vérifier s'il est vrai que les vieux époux prennent le même visage, connaître avec toi les plaisirs de l'âtre, du souvenir, mourir presque semblable à toi. Si tu le veux, Amphitryon, goûtons ensemble une minute de cette vieillesse. Imagine que nous avons derrière nous, non pas ces douze mois de mariage, mais de très longues années. Tu m'as aimée, mon vieil époux?

AMPHITRYON Toute ma vie!

ALCMÈNE Tu n'as pas, vers nos noces d'argent, trouvé plus jeune que moi une vierge de seize ans, à la fois timide et hardie, que ta vue et tes exploits tourmentaient, légère et ravissante, un monstre, quoi?*

AMPHITRYON Toujours tu as été plus jeune que la jeunesse.

ALCMÈNE Quand arriva la cinquantaine et que je fus nerveuse, riant et pleurant sans raison, lorsque je t'ai poussé, le ciel sait pourquoi, à voir certaines mauvaises femmes, sous le prétexte que notre amour en serait plus vif, tu n'as rien dit, tu n'as rien fait, tu ne m'as pas obéi, n'est-ce pas?

AMPHITRYON Non. J'ai voulu que tu sois fière de nous deux quand viendrait l'âge.

ALCMÈNE Aussi quelle superbe vieillesse! La mort peut venir!

AMPHITRYON Quelle mémoire sûre nous avons de ce temps éloigné! Et ce matin, Alcmène, où je revins à l'aube de la guerre pour t'étreindre dans l'ombre, te le rappelles-tu?

ALCMÈNE A l'aube? Au crépuscule,* veux-tu dire?

AMPHITRYON Aube ou crépuscule, quelle importance cela a-t-il maintenant! A midi, peut-être. Je me rappelle seulement que ce jour-là mon cheval franchit les fossés les plus larges, et que dans la matinée je fus vainqueur. Mais qu'as-tu, chérie, tu es pâle?

ALCMÈNE Je t'en supplie, Amphitryon. Dis-moi si tu es venu au crépuscule ou à l'aube?

AMPHITRYON Mais je te dirai tout ce que tu voudras, chérie . . . Je ne veux pas te faire de peine.

ALCMÈNE C'était la nuit, n'est-ce pas?

AMPHITRYON Dans notre chambre obscure, la nuit complète . . . Tu as raison! La mort peut venir.

LA VOIX CÉLESTE *La mort peut venir.*

Fracas. Jupiter paraît escorté de Mercure.

SCÈNE QUATRIÈME

Alcmène. Jupiter. Mercure. Amphitryon

JUPITER La mort peut venir, dites-vous? Ce n'est que Jupiter.

MERCURE Je vous présente Alcmène, Seigneur, la récalcitrante Alcmène.

JUPITER Et pourquoi cet homme près d'elle?

MERCURE C'est son mari, Amphitryon.

JUPITER Amphitryon, le vainqueur de la grande bataille de Corinthe?

MERCURE Vous anticipez. Il ne gagnera Corinthe que dans cinq ans. Mais c'est bien lui.

JUPITER Qui l'a appelé ici? Que vient-il faire?

AMPHITRYON Seigneur! . . .

MERCURE Il vient vous offrir lui-même sa femme, sans aucun doute. Ne l'avez-vous pas vu du haut du ciel la préparer, l'embrasser, lui donner, tourné vers vous, par des caresses, cette excitation et cet apprêt qui porteront à sa réussite suprême votre nuit . . . Merci, prince.

AMPHITRYON Mercure se trompe, Seigneur.

JUPITER Ah! Mercure se trompe? Tu ne sembles pas en effet convaincu de la nécessité que cette nuit je m'étende près de ta femme, et remplisse ta mission. Moi je le suis.

AMPHITRYON Moi, Seigneur, non!

MERCURE L'heure n'est plus aux discours, Jupiter, le soleil se couche.

JUPITER Son coucher ne regarde que lui seul.

MERCURE Si les dieux se mettent à engager avec les humains des conversations et des disputes individuelles, les beaux jours sont finis.

AMPHITRYON Je viens défendre Alcmène contre vous, Seigneur, ou mourir.

JUPITER Ecoute, Amphitryon. Nous sommes entre hommes.* Tu sais mon pouvoir. Tu ne te dissimules pas que je peux entrer dans ton lit invisible et même en ta présence. Rien qu'avec les herbes de ce parc, je peux composer des filtres qui rendront ta femme amoureuse de moi, et te donneront même le désir de m'avoir pour rival heureux. Ce conflit est donc non pas un conflit de fond, mais, hélas, un conflit de forme, comme tous ceux qui provoquent les schismes ou les nouvelles religions. Il ne s'agit pas de savoir si j'aurai Alcmène, mais comment! Pour cette courte nuit, cette formalité, vas-tu entrer en conflit avec les dieux?

AMPHITRYON Je ne puis livrer Alcmène, je préfère cette autre formalité, la mort.

JUPITER Comprends ma complaisance! Je n'aime pas seulement Alcmène, car alors je me serais arrangé pour être son amant sans te consulter. J'aime votre couple. J'aime, au début des ères humaines, ces deux grands et beaux corps sculptés à l'avant de l'humanité comme des proues. C'est en ami que je m'installe entre vous deux.

AMPHITRYON Vous y êtes déjà, et déjà vénéré. Je refuse.

JUPITER Tant pis pour toi! Ne retarde plus la fête, Mercure! Convoque la ville entière. Puisqu'il nous y force, fais éclater la vérité, celle de la nuit d'hier et celle d'aujourd'hui. Nous avons des moyens divins de convaincre ce couple.

AMPHITRYON Des prodiges ne convainquent pas un général.

JUPITER C'est ton dernier mot? Tu tiens à engager la bataille avec moi?

AMPHITRYON S'il le faut, oui.

JUPITER Je pense que tu es un général suffisamment intelligent pour ne t'y hasarder qu'avec des armes égales aux miennes. C'est l'a b c de la tactique.

AMPHITRYON J'ai ces armes.

JUPITER Quelles armes?

AMPHITRYON J'ai Alcmène.

JUPITER Eh bien, ne perdons pas une minute. Je les attends de pied ferme, tes armes. Je te prie même de me laisser avec elles. Viens ici, Alcmène. Vous deux, disparaissez.

SCÈNE CINQUIÈME

Alcmène. Jupiter

ALCMÈNE Enfin seuls!

JUPITER Tu ne crois pas si bien dire. Nous sommes dans l'heure où tu seras à moi.

ALCMÈNE Alors, ma dernière heure!

JUPITER Cesse ce chantage . . . Il est indigne de nous deux . . . Oui, nous voilà en effet pour la première fois face à face, moi sachant ta vertu, toi sachant mon désir . . . Enfin seuls! . . .

ALCMÈNE Vous êtes souvent seul ainsi, à ce que dit votre légende?

JUPITER Rarement aussi amoureux, Alcmène. Jamais aussi faible. D'aucune femme, je n'aurais supporté ce dédain.

ALCMÈNE Le mot amoureux existe, dans la langue des dieux? Je croyais que c'était le règlement suprême du monde qui les poussait, vers certaines époques, à venir mordiller les belles mortelles au visage?

JUPITER Règlement est un bien gros mot. Disons fatalité.

ALCMÈNE Et la fatalité sur une femme aussi peu fatale qu'Alcmène ne vous rebute pas? Tout ce noir sur ce blond?

JUPITER Tu lui donnes pour la première fois une couleur d'improviste qui me ravit. Tu es une anguille en ses mains.

ALCMÈNE Un jouet dans les vôtres. O Jupiter, vraiment, vous plaisé-je?

JUPITER Si le mot plaire ne vient pas seulement du mot plaisir, mais du mot, biche en émoi, du mot amande en fleur, Alcmène, tu me plais.

ALCMÈNE C'est ma seule chance. Si je vous déplaisais tant soit peu, vous n'hésiteriez pas à m'aimer de force pour vous venger.

JUPITER Moi, je te plais?

ALCMÈNE En doutez-vous? Aurais-je à ce point le sentiment de tromper mon mari, avec un dieu qui m'inspirerait de l'aversion? Ce serait pour mon corps une catastrophe, mais je me sentirais fidèle à mon honneur.

JUPITER Tu me sacrifies parce que tu m'aimes? Tu me résistes parce que tu es à moi?

ALCMÈNE C'est là tout l'amour.

JUPITER Tu obliges ce soir l'Olympe à parler un langage bien précieux.

ALCMÈNE Cela ne lui fera pas de mal. Il paraît qu'un mot de votre langage le plus simple, un seul mot, tellement il est brutal, détruirait le monde.

JUPITER Thèbes ne risque vraiment rien aujourd'hui.

ALCMÈNE Pourquoi faut-il qu'Alcmène risque davantage? Pourquoi faut-il que vous me torturiez, que vous brisiez un couple parfait, que vous preniez un bonheur d'un instant, et laissiez des ruines!

JUPITER C'est là tout l'amour...

ALCMÈNE Et si je vous offrais mieux que l'amour? Vous pouvez goûter l'amour avec d'autres. Mais je voudrais créer entre nous un lien plus doux encore et plus puissant: seule de toutes les femmes je puis vous l'offrir. Je vous l'offre.

JUPITER Et c'est?

ALCMÈNE L'amitié!

JUPITER Amitié! Quel est ce mot! Explique-toi. Pour la première fois, je l'entends.

ALCMÈNE Vraiment? Oh! alors je suis ravie! Je n'hésite plus! Je vous offre mon amitié. Vous l'aurez vierge...

JUPITER Qu'entends-tu par là? C'est un mot courant sur la terre?

ALCMÈNE Le mot est courant.

JUPITER Amitié... Il est vrai que de si haut, certaines pratiques des hommes nous échappent encore... Je t'écoute... Lorsque des êtres se cachent comme nous, à l'écart, mais pour tirer des pièces d'or de vêtements en loque, les compter, les embrasser, est-ce là l'amitié?

ALCMÈNE Non, c'est l'avarice.

JUPITER Ceux, quand la lune est pleine, qui se mettent nus, le regard fixé sur elle, passant les mains sur leur corps et se savonnant de son éclat, ce sont là les amis?

ALCMÈNE Non, ce sont les lunatiques!

JUPITER Parle clairement! Et ceux qui dans une femme, au lieu de l'aimer elle-même, se concentrent sur un de ses gants, une de ses chaussures, la dérobent, et usent de baisers cette peau de bœuf ou de chevreau, amis encore?

ALCMÈNE Non, sadiques.

JUPITER Alors, décris-la moi ton amitié. C'est une passion.

ALCMÈNE Folle.

JUPITER Quel est son sens?

ALCMÈNE Son sens? Tout le corps, moins un sens!*

JUPITER Nous le lui rétablirons, par un miracle. Son objet?

ALCMÈNE Elle accouple les créatures les plus dissemblables et les rend égales.

JUPITER Je crois maintenant comprendre! Parfois, de notre observatoire, nous voyons les êtres s'isoler en groupes de deux, dont nous ne percevons pas la raison, car rien ne semble devoir les accoler: un ministre qui tous les jours rend visite à un jardinier, un lion dans une cage qui exige un caniche, un marin et un professeur, un ocelot et un sanglier. Et ils ont l'air en effet complètement égaux, et ils avancent de front vers les ennuis quotidiens et vers la mort. Nous en venions à penser ces êtres liés par quelque composition secrète de leur corps.

ALCMÈNE C'est très possible. En tout cas, c'est l'amitié.

JUPITER Je vois encore cet ocelot. Il bondissait autour de son cher sanglier. Puis, dans un olivier, il se cachait, et quand le marcassin passait grognant près des racines, se laissait tomber tout velours sur les soies.*

ALCMÈNE Oui, les ocelots sont d'excellents amis.

JUPITER Le ministre, lui, faisait dans une allée les cent pas avec le jardinier. Il parlait des greffes, des limaces; le jardinier, des interpellations, des impôts. Puis, chacun ayant dit son mot, ils s'arrêtaient au terme de l'allée, le sillon de l'amitié sans doute tracé jusqu'au bout, et se regardaient un moment bien en face clignant affectueusement l'œil, et se lissant la barbe.

ALCMÈNE Toujours, les amis.

JUPITER Et que ferons-nous, si je deviens ton ami?

ALCMÈNE D'abord je penserai à vous, au lieu de croire en vous . . . Et cette pensée sera volontaire, due à mon cœur, tandis que ma croyance était une habitude, due à mes aïeux . . . Mes prières ne seront plus des prières, mais des paroles. Mes gestes rituels, des signes.

JUPITER Cela ne t'occupera pas trop?

ALCMÈNE Oh! non. L'amitié du dieu des dieux, la camaraderie d'un être qui peut tout, tout détruire et tout créer, c'est même le minimum de l'amitié pour une femme. Aussi les femmes n'ont-elles point d'amis.

JUPITER Et moi, que ferai-je?

ALCMÈNE Les jours où la compagnie des hommes m'aurait excédée, je vous verrais apparaître, silencieux; vous vous assiériez, très calme sur le pied de mon divan, sans caresser nerveusement la griffe ou la queue des peaux de léopard, car alors ce serait de l'amour, – et soudain vous disparaîtriez... Vous auriez été là! Vous comprenez?

JUPITER Je crois que je comprends. Pose-moi des questions. Dis-moi les cas où tu m'appelais à l'aide, et je tâcherai de répondre ce que doit faire un bon ami.

ALCMÈNE Excellente idée! Vous y êtes?*

JUPITER J'y suis!

ALCMÈNE Un mari absent?

JUPITER Je détache une comète pour le guider. Je te donne une double vue qui te permet de le voir à distance, et pour l'atteindre une double parole.

ALCMÈNE C'est tout?

JUPITER Oh! pardon! je le rends présent.

ALCMÈNE La visite d'amies ou de parentes ennuyeuses?

JUPITER Je déchaîne sur les visiteuses une peste qui leur fait sortir les yeux des orbites. J'envoie un mal qui leur ronge le foie et dans leur cerveau une colique. Le plafond s'effondre et le parquet s'écarte... Ce n'est pas cela?

ALCMÈNE C'est trop ou trop peu!

JUPITER Oh! pardon encore, je les rend absentes...

ALCMÈNE Un enfant malade?

JUPITER L'univers n'est plus que tristesse. Les fleurs sont sans parfum. Les animaux portent bas la tête!

ALCMÈNE Vous ne le guéririez pas?

JUPITER Evidemment si! Que je suis bête!

ALCMÈNE C'est ce que les dieux oublient toujours. Ils ont pitié des malades, ils détestent les méchants. Ils oublient seulement de guérir, de punir. Mais en somme vous avez compris. L'examen est très passable.

JUPITER Chère Alcmène.

ALCMÈNE Ne souriez pas ainsi, Jupiter, ne soyez pas cruel! N'avez-vous donc jamais cédé devant une de vos créatures?

JUPITER Je n'ai jamais eu cette occasion.

ALCMÈNE Vous l'avez. La laisserez-vous échapper?

JUPITER Relève-toi, Alcmène. Il est temps que tu reçoives ta récompense. Depuis ce matin, j'admire ton courage et ton obsti-nation et comme tu ourdis tes ruses avec loyauté, et comme tu es sincère dans tes mensonges. Tu m'as attendri, et si tu trouves un moyen de justifier ton refus devant les Thébains, je ne t'im-pose pas cette nuit ma présence.

ALCMÈNE Pourquoi en parler aux Thébains? Que le monde entier me croie votre maîtresse, vous pensez bien que je l'accepte, et qu'Amphitryon l'acceptera! Cela nous fera des envieux, mais il nous sera agréable de souffrir pour vous.

JUPITER Viens dans mes bras, Alcmène, et dis-moi adieu.

ALCMÈNE Dans les bras d'un ami, oh Jupiter, j'y cours!

LA VOIX CÉLESTE *Adieux d'Alcmène et de son amant Jupiter.*

ALCMÈNE Vous avez entendu?

JUPITER J'ai entendu.

ALCMÈNE Mon amant Jupiter?

JUPITER Amant veut dire aussi ami; une voix céleste peut employer le style noble.

ALCMÈNE J'ai peur, Jupiter, tant de choses sont troublées tout à coup en moi par ce seul mot!

JUPITER Rassure-toi.

LA VOIX CÉLESTE *Adieux de Jupiter et de sa maîtresse Alcmène.*

JUPITER C'est quelque farce de Mercure. J'y vais mettre bon ordre. Mais qu'as-tu Alcmène? Pourquoi cette pâleur? Faut-il te le redire, j'accepte l'amitié.

ALCMÈNE Sans réserves?

JUPITER Sans réserves.

ALCMÈNE Vous l'acceptez bien vite! Vous montrez une vive satisfaction à l'accepter!

JUPITER C'est que je suis satisfait.

ALCMÈNE Vous êtes satisfait de n'avoir pas été mon amant?

JUPITER Ce n'est pas ce que je veux dire . . .

ALCMÈNE Ce n'est pas non plus ce que je pense! Jupiter, puisque vous êtes maintenant mon ami, parlez-moi franchement. Vous êtes bien sûr que jamais vous n'avez été mon amant!

JUPITER Pourquoi cette question?

ALCMÈNE Vous vous êtes amusé tout à l'heure, avec Amphitryon. Il n'y a vraiment pas eu de lutte entre son amour et votre désir . . . C'était un jeu de votre part . . . Vous aviez d'avance renoncé à moi . . . Ma connaissance des hommes me pousserait à croire que c'est parce que vous avez déjà eu satisfaction.

JUPITER Déjà? Qu'entends-tu par déjà?

ALCMÈNE Vous êtes sûr que vous n'êtes jamais entré dans mes rêves, que vous n'avez jamais pris la forme d'Amphitryon?

JUPITER Tout à fait sûr.*

ALCMÈNE Peut-être aussi cela vous a-t-il échappé. Ce n'est pas étonnant avec tant d'aventures . . .

JUPITER Alcmène!

ALCMÈNE Alors tout cela ne prouve pas un grand amour de votre part. Evidemment, je n'aurais pas recommencé, mais dormir une fois près de Jupiter, cela aurait été un souvenir pour une petite bourgeoise. Tant pis!

JUPITER Chère Alcmène, tu me tends un piège!

ALCMÈNE Un piège? Vous craignez donc d'être pris?

JUPITER Je lis en toi, Alcmène, j'y vois ta peine, tes desseins. J'y vois que tu étais résolue à te tuer, si j'avais été ton amant. Je ne l'ai pas été.

ALCMÈNE Prenez-moi dans vos bras.

JUPITER Volontiers, petite Alcmène. Tu t'y trouves bien?

ALCMÈNE Oui.

JUPITER Oui qui?

ALCMÈNE Oui, Jupiter chéri ... Voyez, cela vous semble tout naturel que je vous appelle Jupiter chéri?

JUPITER Tu l'as dit si naturellement.

ALCMÈNE Pourquoi justement l'ai-je dit de moi-même? C'est ce qui m'intrigue. Et cet agrément, cette confiance que ressent pour vous mon corps, d'où vient-il? Je me sens à l'aise avec vous comme si cette aise venait de vous.

JUPITER Mais oui, nous nous entendons très bien.

ALCMÈNE Non, nous nous entendons mal. Sur beaucoup de points à commencer par votre création d'ailleurs, et à continuer par votre habillement, je n'ai pas du tout vos idées. Mais nos corps s'entendent. Nos deux corps sont encore aimantés l'un vers l'autre, comme ceux des gymnastes, après leur exercice. Quand a eu lieu notre exercice? Avouez-le-moi!

JUPITER Jamais, te dis-je.

ALCMÈNE Alors, d'où vient mon trouble?

JUPITER C'est que malgré moi, dans tes bras, je me sens porté à prendre la forme d'Amphitryon. Ou bien peut-être que tu commences à m'aimer.

ALCMÈNE Non, c'est le contraire d'un début. Ce n'est pas vous qui êtes entré tout brûlant dans mon lit après le grand incendie de Thèbes?

JUPITER Ni tout mouillé, le soir où ton mari repêcha un enfant ...

ALCMÈNE Vous voyez, vous le savez!

JUPITER Ne sais-je pas tout ce qui te concerne? Hélas non, c'était bien ton mari. Quels doux cheveux!

ALCMÈNE Il me semble que ce n'est pas la première fois que vous arrangez cette mèche de cheveux, ou que vous vous penchez sur moi ainsi . . . C'est à l'aube ou au crépuscule que vous êtes venu et m'avez prise?

JUPITER Tu le sais bien, c'est à l'aube. Crois-tu que ta ruse de Léda m'ait échappé? J'ai accepté Léda pour te plaire.

ALCMÈNE O maître des dieux, pouvez-vous donner l'oubli?

JUPITER Je peux donner l'oubli, comme l'opium, rendre sourd, comme la valériane. Les dieux entiers dans le ciel ont à peu près le même pouvoir que les dieux épars dans la nature. Que veux-tu donc oublier?

ALCMÈNE Cette journée. Certes, je veux bien croire que tout s'y est déroulé correctement et loyalement de la part de tous, mais il plane sur elle quelque chose de louche* qui m'oppresse. Je ne suis pas femme à supporter un jour trouble, fût-ce un seul, dans ma vie. Tout mon corps se réjouit de cette heure où je vous ai connu, et toute mon âme en éprouve un malaise. N'est-ce pas le contraire de ce que je devrais ressentir? Donnez à mon mari et à moi le pouvoir d'oublier cette journée, à part votre amitié.

JUPITER Qu'il en soit fait comme tu le désires. Reviens dans mes bras, le plus tendrement que tu pourras, cette fois.

ALCMÈNE Soit, puisque j'oublierai tout.

JUPITER Cela est même nécessaire, car ce n'est que par un baiser que je peux donner l'oubli.

ALCMÈNE C'est sur les lèvres aussi que vous allez embrasser Amphitryon?

JUPITER Puisque tu vas tout oublier, Alcmène, ne veux-tu pas que je te montre ce que sera ton avenir?

ALCMÈNE Dieu m'en garde.

JUPITER Il sera heureux, crois-moi.

ALCMÈNE Je sais ce qu'est un avenir heureux. Mon mari aimé vivra et mourra. Mon fils chéri naîtra, vivra et mourra. Je vivrai et mourrai.

JUPITER Pourquoi ne veux-tu pas être immortelle?

ALCMÈNE Je déteste les aventures;* c'est une aventure, l'immortalité!

JUPITER Alcmène, chère amie, je veux que tu participes, fût-ce une seconde, à notre vie de dieux. Puisque tu vas tout oublier, ne veux-tu pas, en un éclair, voir ce qu'est le monde et le comprendre?

ALCMÈNE Non, Jupiter, je ne suis pas curieuse.

JUPITER Veux-tu voir quel vide, quelle succession de vides, quel infini de vides est l'infini? Si tu crains d'avoir peur de ces limbes laiteux, je ferai apparaître dans leur angle ta fleur préférée, rose ou zinia, pour marquer un moment l'infini à tes armes.*

ALCMÈNE Non.

JUPITER Ah! ne me laissez pas aujourd'hui toi et ton mari, toute ma divinité pour compte!* Veux-tu voir l'humanité à l'œuvre, de sa naissance à son terme? Veux-tu voir les onze grands êtres qui orneront son histoire, avec leur belle face de juif ou leur petit nez de lorraine?*

ALCMÈNE Non.

JUPITER Pour la dernière fois, je te questionne, chère femme obstinée! Tu ne veux pas savoir, puisque tu vas tout oublier, de quelles apparences est construit votre bonheur, de quelles illusions votre vertu?

ALCMÈNE Non.

JUPITER Ni ce que je suis vraiment pour toi, Alcmène? Ni ce que recèle, ce ventre, ce cher ventre!

ALCMÈNE Hâtez-vous!

JUPITER Alors, oublie tout, excepté ce baiser!

Il l'embrasse.

ALCMÈNE, *revenant à elle.* Quel baiser?

JUPITER Oh, pour le baiser, ne me raconte pas d'histoires!* J'ai justement pris soin de le placer en deçà, de l'oubli.

SCÈNE SIXIÈME

Alcmène. Jupiter. Mercure

MERCURE Thèbes entière est aux pieds du palais, Jupiter, et entend que vous vous montriez aux bras d'Alcmène.

ALCMÈNE Venez là, Jupiter, nous serons vus de tous et tous seront contents.

MERCURE Ils demandent quelques phrases de vous, Jupiter. N'hésitez pas à leur parler très fort. Ils se sont mis de profil de façon à ce que leur tympan ne subisse aucun dommage.

JUPITER *très haut.* Enfin, je te rencontre . . . Chère Alcmène !

ALCMÈNE, *très bas.* Oui, il va falloir nous quitter, cher Jupiter.

JUPITER Notre nuit commence, fertile pour le monde.

ALCMÈNE Notre jour finit, ce jour que je me prenais à aimer.

JUPITER Devant ces magnifiques et superbes Thébains . . .

ALCMÈNE Ces tristes sires, qui acclament ce qu'ils croient ma faute et insulteraient à ma vertu . . .

JUPITER Je t'embrasse, en bienvenue, pour la première fois.

ALCMÈNE Et moi pour la troisième, en adieu éternel.

Ils défilent devant la balustrade. Puis Alcmène conduit Jupiter jusqu'à la petite porte.

JUPITER Et maintenant?

ALCMÈNE Et maintenant que la légende est en règle, comme il convient aux dieux, réglons au dessous d'elle l'histoire par des compromissions, comme il convient aux hommes . . . Personne ne nous voit plus . . . Dérobons-nous aux lois fatales . . . Tu es là, Amphitryon?

Amphitryon ouvre la petite porte.

AMPHITRYON Je suis là, Alcmène.

ALCMÈNE Remercie Jupiter, chéri. Il tient à me remettre lui-même
intacte entre tes mains.

AMPHITRYON Les dieux seuls ont de ces attentions.

ALCMÈNE Il voulait nous éprouver! Il demande seulement à ce
que nous ayons un fils.

AMPHITRYON Nous l'aurons dans neuf mois, seigneur, je vous le
jure!

ALCMÈNE Et nous vous promettons de l'appeler Hercule, puisque
vous aimez ce nom. Ce sera un petit garçon doux et sage.

JUPITER Oui, je le vois d'ici . . .* Adieu donc, Alcmène, sois
heureuse, et toi, Mercure, maître des plaisirs, avant que nous
quittions ces lieux, pour leur prouver notre amitié, donne la
récompense qui convient à deux époux qui se retrouvent.

MERCURE A deux époux qui se retrouvent? Ma tâche est simple!
Pour assister à leurs ébats, je convoque et tous les dieux, et toi,
Léda,* qui as encore à apprendre, et vous, braves gens qui avez
été dans cette journée à la fois le personnel subalterne de l'amour
et de la guerre, écuyer, guerrier, et trompette! Ouvrez larges vos
yeux et qu'autour du lit, pour étouffer leurs cris, résonnent
chants, musique et foudre.

Toutes les personnes évoquées par Mercure emplissent la scène.

ALCMÈNE Oh Jupiter. Daignez l'arrêter. Il s'agit d'Alcmène.

JUPITER Encore d'Alcmène! Il s'agira donc toujours d'Alcmène
aujourd'hui! Alors, évidemment, Mercure se trompe! Alors c'est
l'aparté des apartés, le silence des silences. Alors disparaissons,
dieux et comparses, vers nos zéniths et vers nos caves. Vous tous
spectateurs, retirez-vous sans mot dire en affectant la plus complète indifférence. Qu'une suprême fois Alcmène et son mari
apparaissent seuls dans un cercle de lumière, où mon bras ne
figurera plus que comme un bras indicateur pour indiquer le sens
du bonheur; et sur ce couple, que l'adultère n'effleura et n'effleur-
era jamais, auquel ne sera jamais connue la saveur du baiser

illégitime pour clore de velours cette clairière de fidélité, vous là-haut, rideaux de la nuit qui vous contenez depuis une heure, retombez.

RIDEAUX

Notes

Explanation of classical references is given reluctantly and sparingly in these notes. Many are mere place-names; others are accurate but self-explanatory; others again are spoof. These latter seem to serve three main functions: light-hearted anachronism (such as references to Amphitryon as the inventor of pulleys or sash-windows); pure poetry, particularly when we remember Giraudoux's love of naming objects (see introduction p. xxiv), such as Léda's pear-tree; and dramatic purpose, as in Act II, sc. 2. Erudition sits lightly on Giraudoux's shoulders, and pedantry is irrelevant.

p. 4   **C'est tout un métier:** 'it's a full-time job'.

p. 5   **grosse:** 'big', in this context, 'pregnant'.

        en chair et en couleur: the usual expression is *en chair et en os*.

p. 8   **C'est pour un objet perdu?:** in some parts of France, even today, the town crier exists. He is called 'Le Tambour' and gives a drum roll at various places in the village before saying his piece – either an official edict or for example, as here, a private announcement about lost property. Giraudoux makes his Trompette a sort of ancient Greek Tambour.

        Pour un objet retrouvé: Sosie refers to War. See note to p. 9.

p. 9   **l'intervalle entre deux guerres!:** this cynical definition of peace sets the tone for the treatment of the subject of War in this play. See Introduction, p. xvii.

p. 10   **mille signaux:** Giraudoux does not subscribe to the romantic mystique of communication with nature. But one of his constant themes is that of man living as part of creation, *in* nature rather than 'riding it like a jockey'. Apart from Alcmène's *Je me solidarise avec mon astre*, this theme mainly occurs in *Amphitryon 38*, as here, in the imagery.

p. 11   **il les caresse***;* Sosie's leering insinuation is lost on the Guerrier.

p. 12   **Nos alliés, donc, nous envahissent:** see note on War to p. 9.

        la fraternité: for this equation of the French national motto with war, see Introduction, p. xvii.

p. 13   **Formez vos compagnies:** the phrase is from La Marseillaise. See previous note.

p. 14   **nous ne nous haïssons point:** an allusion to Chimène's much quoted *Va! je ne te hais point. (Le Cid)*

        poncée: Lit. 'pummiced'. Say 'well scrubbed'.

        La Méduse y est sculptée: the Medusa, a woman with snakes for hair, was so terrifying to behold that she turned men to stone. Helmets formed in her likeness were common in ancient Greece.

p. 16   **trois quarts d'aile:** 'wing three quarters' (in Rugby football).

p. 17   **Ils sont un certain nombre comme cela:** an ironical and rather bitter allusion to the Soldat Inconnu buried under the Arc de Triomphe. See Introduction p. xvii.

p. 18 **mon cœur se serrait:** 'my heart sank.'

p. 20 **Philémon et Baucis:** they were kind to Jupiter and Mercury who visited them disguised as poor travellers. Their reward was to live long and, instead of death, to be changed into trees. They stand in legend as a type of conjugal love. The relevance to Amphitryon and Alcmène is greater than he realizes. And Alcmène's refusal even of the idea of immortality foreshadows the end of the play.

le laurier me va bien: as the traditional symbol of victory, military or otherwise. An innocent touch of vanity, more sartorial than military. Say: 'Laurels suit me.'

p. 23 **poitrines plastronnantes:** a 'plastron' may be a breast-plate, but put next to 'moustaches' in this context the tone is anachronistic and suggests the modern meaning 'dicky' or stiff-fronted shirt. By the same token one visualizes 'pendentif' as some such order as the Légion d'Honneur worn on ceremonial occasions.

p. 26 **Voilà ce galop moyen, cet amble:** both expressions would be translated by the word 'canter'.

p. 27 **Je peux te dire:** note the use of 'vous' and 'tu' in this dialogue. Alcmène has already 'recognized' her 'husband'.

p. 29 **Comment, c'est toi, Amphitryon!:** see previous note.

p. 31 **poix célestes:** say 'fire and brimstone'.

au temps!: 'mark time!'

cette enragée de petite Alcmène: 'That crazy little Alcmène'.

I

p. 32 **la mission de prolonger la nuit:** see Introduction, pp. xvii–xviii.

les cubes: a reference to the shape of Greek houses.

les propos de saut de lit: idiom meaning roughly 'early morning conversation'.

p. 33 **grasse à point:** 'nicely rounded'.

p. 34 **C'est à savoir:** 'I don't know . . .'

p. 35 **à bras le corps:** in fighting parlance means 'wrestling', but the idiom will not translate: 'Gripped in your arms'.

C'est toi qui l'as inventé: this attribution to Amphitryon of the invention of windows is as apocryphal as are the others in this speech. Giraudoux's purpose emerges in Alcmène's speech on p. 38.

p. 39 **Ce que je serais crevassée:** say 'How cracked my skin would get . . .' but the aptness of the joke is lost.

C'est l'enjeu de la vie: Lit. 'stake'. Say 'It's the price you pay for living'.

l'étale mort: Lit. 'slack, motionless' as in *La mer étale*, 'slack water'.

p. 40 **à des lions, à des monstres:** before, during, and after his twelve Labours Hercules attacked various beasts and monsters though hardly in his 'early childhood'.

dans son berceau: see Introduction, p. xviii.

femmes de ménage: Alcmène suggests that prodigious infant feats only happen in the minds of boasting vulgar mothers.

p. 41 **Voilà que tu me dis vous:** see note to p. 27.

p. 41 **hypothèques imprescriptibles:** 'indefeasible mortgages'. For Jupiter's language in this scene, see Introduction, p. xxv.

Si vous restez: see note to p. 27.

p. 43 **pour qu'ils croient nous l'avoir volé:** Prometheus, according to Greek myth, stole the secret of fire from the gods who punished him by chaining him to a rock and having vultures eat his liver. He was eventually freed by Hercules.

la roue dentée: 'the cog wheel'. Needless to say, another piece of Giraudoux spoof.

p. 46 **de m'ouvrir la cuisse:** Mercury, the messenger god, was born of Jupiter's thigh, just as Athene, goddess of wisdom, was born of his head.

en théorie: Lit. 'in procession', but the ambiguity fits Mercure's cynical nature.

p. 47 **Cela les dresse:** 'It's good training for them.' Ecclissé, the nurse-maid, has a one-track mind.

p. 49 **ce chausson d'Alexeia:** variation on the popular expression *cette savate* 'that clumsy . . . '.

des diamants à becqueter: attributes, presumed or real, of Jupiter as King of the Gods.

la soie . . . garance: both anachronisms.

Que je t'y reprenne!: 'Just let me catch you at it again!'

p. 50 **le rideau rouge:** red has always been a royal colour.

p. 52 **la greffe des cerises:** see note to p. 35.

Danaé: suffered a similar fate at Jupiter's hands to that of Leda, Alcmene, Europa, etc. Jupiter came to her in a shower of gold. If Léda is right (Act II, sc. 6, p. 64) she must have been a money-grubber.

p. 55   **une averse d'or:** see previous note.

Il ne manquait plus que cela!: 'That's the last straw!' Alcmène's husband is a professional soldier.

Charissa: invented by Giraudoux for obvious reasons. Alcmene had no children before Hercules.

Ah! c'était là cette victoire!: cf. p. 48. A moment of emotion peeping through the light-hearted comic tone. Alcmène is miserable: puzzled by Ecclissé's behaviour in Act II, sc. 4, she had assumed the crowd noise was caused by her husband's victory.

p. 61   **Beaucoup de suite dans les idées:** 'very persistent'.

p. 62   **N'avez-vous pas aussi inventé l'écriture?:** apocryphal.

tous les beaux coins du monde: of Leda's four children by Jupiter (Clytemnestra, Helen, and the twins Castor and Pollux) the latter have been common subjects for park statuary.

p. 63   **l'année solaire:** no special significance. By adding the epithet, Léda makes it sound grand, suggestive of the platonic or the sidereal year. She is flattered to be called intellectual.

les mots archétype, les mots idées force, le mot ombilic?: a dig at the use of fashionable intellectual jargon. In the 1960s he might have used 'charismatic', 'total involvement', 'plasticity'.

p. 65   **un escadron invisible:** this unconscious deception of Alcmène by the silly romanticizing of Ecclissé has been well prepared by Ecclissé's behaviour in Act II sc. 4.

p. 66 **des faux pas:** irony. Literally 'faire un faux pas' means 'to stumble'; figuratively 'to make a blunder'.

p. 68 **ma patte d'oie:** 'crow's foot', but the pun is not apt in English.

p. 69 **Voici toujours ma main:** i.e. she either slaps him or threatens to.

Ta fille l'intelligence: i.e. Athene. See note to p. 46.

p. 70 **mon amant!:** cf. Act I, sc. 6. Alcmène is being malicious.

p. 72 **perce les trente têtes:** Giraudoux plays fast and loose with both myths (the Cretan Bull and the Hydra).

p. 74 **le bolide du dieu:** Lit. 'a fireball' or 'meteor', but the modern French meaning 'sports car' or 'hot-rod' is also conveyed.

du Samos: Samos wine is still popular.

p. 76 **Elles feront les lépreuses:** bakers are presumed all to have rubicund faces from the hours they spend before their ovens.

les décollés majeurs: ballet term not translated in English.

le surpassé des cuisses: see previous note.

p. 77 **il meurt par elles:** Hercules did in fact behave as described. The dramatic purpose of this speech is less clear: perhaps just to balance the Voix's earlier revelations and to show up the gaping inanity of the crowd's response.

p. 78 **Il en a heurté le fil:** precious image of the Zodiac suspended from a wire like a party decoration. It also serves to remind us of the theatrical décor (cf. Act III, sc. 6).

Giraudoux liked to keep the audience detached and aware of its surroundings: in *Electre* he has the Jardinier step across the footlights to talk to the audience.

p. 79   **le titre muet de cette minute y résonne:** the idea expressed in this speech is used sardonically by Brecht in his *Threepenny Opera* (1928).

p. 81   **Le capricorne:** sign of the Zodiac.

       un monstre, quoi?: Jean Cocteau develops this idea in *La Machine Infernale* (1934).

       Au crépuscule: the word can mean, as here, the twilight before dawn. Giraudoux uses both *aube* and *crépuscule* loosely here to achieve the ambiguity: Amphitryon has in fact said *à l'aube de la guerre*, i.e. in its figurative sense. If we were to take him literally, Léda's visit would have been rudely early!

p. 83   **Nous sommes entre hommes:** usual expression. The joke can be conveyed: 'This is between us two, man to man'.

p. 87   **moins un sens!:** Alcmène plays preciously on the two meanings of the word: 'meaning' and 'one of the five senses'.

       tomber tout velours sur les soies: *tout velours* here means 'velvet paws', i.e. with claws retracted; *les soies* are the boar's bristles, but the pun is conscious.

p. 88   **Vous y êtes?:** 'Are you ready?'

p. 90   **Tout à fait sûr:** Jupiter has learnt his lesson – he lies out of friendship.

p. 92   **quelque chose de louche:** 'something fishy'.

p. 93   **je déteste les aventures:** 'adventures' but the word also means 'intrigue, love affair'.

à tes armes: translate 'insignia'.

pour compte!: 'on my hands'.

ou leur petit nez de lorraine: Christ and Joan of Arc are the two here referred to.

ne me raconte pas d'histoires: 'Don't try to have me on'.

p. 95   **Oui, je le vois d'ici:** drily ironic, 'Yes, I can see that'.

et toi, Léda, etc.: i.e. curtain call for the actors, just as Jupiter, in the next speech, combines the 'moral' of the play with the special bow taken by the three principal actors.

List of Works by Jean Giraudoux

Plays are shown in italics. Editions published in England with notes, etc., and available translations, are indicated in parenthesis.

Supplément au Voyage de Cook

1937   *Electre* (Ed. Thomas and Lee. Methuen, 1961)
      L'Impromptu de Paris

1938   Les 5 Tentations de la Fontaine
      Cantique des Cantiques

1938-9 Choix des Elus

1939   *Ondine*
      Pleins Pouvoirs

1941   Combat avec l'Image

1942   Littérature
      L'Apollon de Bellac (*Apollo de Bellac*. Trans. Duncan, French)
      La Duchesse de Langeais (Film senario adapted from Balzac)

1944   *Sodome et Gomorrhe*
      Les Anges du Péché (Film scenario)

1945   *La Folle de Chaillot* (Ed. Conlon. Cambridge University Press, 1963)

1946   Sans Pouvoirs

1947   Pour une Politique Urbaine
      Visitations

1951   La Française et la France (written 1934, 1939)

1953   *Pour Lucrèce* (*Duel of Angels*. Trans. Fry, Methuen)

Select Vocabulary

This vocabulary is limited to less common French words and the meanings given are those in which they occur in the text. Words and phrases of which there is an explanation or translation in the notes are omitted unless they are used elsewhere in the text in a different sense.

accroché hung up
accoler to couple
accru (p.p. of accroître) increased
affaissé slumped
agrafe f. clasp, buckle
aimant m. magnet
alourdir to weigh down
alliage m. alloy
ambages (sans-) straight to the point
amonceler to pile up
amortir to deaden
anguille f. eel
aparté m. an aside
appoint m. balance
apprivoiser to tame
arrosé washed down
assaillir to assail, to assault
avachissement deterioration
aventurine f. sunstone

bancal one-legged
barbet m. spaniel
becqueter to peck at
biche f. doe
borné limited
bosquet m. copse, clump of trees
bossu hunchback
bouclier m. buckler, shield

bousculer to jostle
bramer to bell (of a stag)
branchies f. the gills
brandir to brandish
brebis f. ewe
brouter to graze, browse

cabochon m. stud, also cabochon
se cabrer to rear up
caniche m. poodle
carreau m. tile
casanier home-loving
chambrière f. chamber-maid
chantage m. blackmail
chantier m. workshop, work site
chatouiller to tickle, to arouse
chevreuil m. roe-buck
choyer to cherish
cigale f. cicada
cligner to blink
clore to close
coassement m. croaking, cawing
comblé content, fulfilled
combler to fulfil, to fill in
comparse m. walk-on part, confederate
congédier to dismiss
contremaître m. foreman

corner to butt
coureur rake, womanizer
crapaud m. toad
créancier m. creditor
crépiter crackle
crépuscule m. twilight
croisement m. crossing, interbreeding
croupe f. the rump
cuisse f. the thigh
cytise m. Cytisus, laburnum

débonnaire good-natured, easy-going
déborder to overflow
deçà (en - de) this side of
déchiffrer decipher
déchu (p.p. of déchoir) fallen
défaillance f. (moral) lapse
déteindre to fade
devancer to forestall, go before
doué gifted
duvet m. (swan's) down

ébats m. revels
ébouillanter to scald
échantillonner to sample
échelle f. ladder
écuyer m. squire
églantine f. dog-rose, pink-coloured
égratignure f. a scratch
élan m. impetus
embaumer to embalm
embraser to set light to, to set ablaze
émoi m. emotion
enceinte pregnant
s'énerver to become irritated
enjeu m. the stake
enjoué playful
enlacer enfold
s'enliser to get stuck

enter to graft
entremise f. medium
épargner to spare
éparpillé scattered
épars scattered
épiloir m. tweezers
éraflure f. a scratch
escabeau m. step-ladder
estafilade f. slash, gash
état-major m. headquarters
étreindre to embrace
étreinte f. an embrace
étrenner to wear for the first time
éventrer to disembowel
exaucer to grant, to fulfil
excéder to wear s.o. out

factice artificial
fadeur f. paleness, insipidity
fard m. rouge, make-up
fardeau m. burden
fauve m. animal, wild beast
félin m. feline
flamber to make a blaze
flatter to stroke
fléchir move (to pity)
flétrir to wither
foudre m. thunderbolt
frange f. fringe
frémir to tremble
friser to curl

galon m. stripe
garance f. madder
garant m. guarantor, surety
gerbe f. bunch, bouquet
glaive f. glaive, sword
glissement m. slipping, sliding
gravelle f. gall stones
gré m. **(de bon -)** willingly
greffe f. graft

se hâler to tan, to get sunburnt
haletant panting

harceler to harrass
hoquet m. hiccup

imprévu unforeseen
improviste (à l'-) unexpectedly
indicible unutterable, that cannot be named
insolation f. sunstroke
intendance f. commissariat
intercaler to insert

jambières f. greaves
jeun m. (à -) fasting

laissez-aller m. want of something better
lapider to stone
levain m. leaven
limace f. slug
lin m. linen
liséré m. edging
lisser to smooth
livrer to wage (war), to give (someone) up
loque f. tatters

maillon m. link
manchot one-armed
marcassin m. young boar
matrice f. matrix
maugréer to curse, to fume
maussade sullen, cheerless
mèche f. a lock (of hair)
meurtrir to bruise
miroitant shimmering
mobilier m. furniture
moite moist
mollet m. calf (of leg)
mordiller to nibble
mordoré bronzed (of leather)
se muer to change, transform

nacré pearly
nain m. dwarf

natter to plait
navré very sorry
nielle f. inlay
noctuelle f. moth
nombril m. navel
noyau m. kernel
nuque f. nape of the neck

oisiveté f. idleness
orfèvrerie f. goldsmithery
otage m. hostage
ourdir to hatch (a plot)

palmé web-footed
pantelant panting
parcelle f. particle
paume f. palm (of hand)
péripétie f. vicissitude, incident
piaffer paw the ground
piétinement m. foot-mark (Lit. trampling)
piqûre f. sting
plaie f. wound
poil m. hair (on p. 10, colour of hair)
presbytie f. long-sightedness
prévenance f. kind attention
prunelle f. pupil (of eye)

rafale f. gust
ramage m. birdsong
rapetisser to belittle
receler to conceal
recette f. recipe
rechignant sour-faced
rehausser to enhance, set off
réseau m. network
ressentir to feel
retentir to sound
ronce f. bramble
ronfler to snore
rossignol m. nightingale
rouiller to rust

roulade f. trill, roulade
roulis m. rolling (as in ocean swell)
rugueux rough

sablier m. hour-glass
saccade f. jerk
sanglier m. wild boar
sarment m. (vine) shoot
saule m. a willow
serment m. oath
sévir to rage
siéger to be the seat of
sillage m. wake
sillon m. furrow
souiller to sully
sournoiserie f. artfulness, slyness
supinal supine
supplicier to torture

teinturier dyer

tempe f. temple
tenture f. hangings
tissage m. weaving
tortue f. tortoise
trépas m. death
trêve f. truce
trouvaille f. happy discovery
tympan m. eardrum

valériane f. cat-mint
varech m. seaweed
veiller to watch, keep awake
veilleuse f. a night-light
verveine f. verbena
veulerie f. flabbiness, listlessness
viol m. rape
volute f. whorl
vouloir (en - à) to bear ill-will
voûté stooping, round-shouldered, bent